U0929521

漫谈岛国

你一定好奇的日本史

MANTAN DAOGUO

尹霞 著

中国铁道出版社
CHINA RAILWAY PUBLISHING HOUSE

图书在版编目（CIP）数据

漫谈岛国：你一定好奇的日本史 / 尹霞著．—北京：中国铁道出版社，2019.1

ISBN 978-7-113-24987-8

Ⅰ．①漫… Ⅱ．①尹… Ⅲ．①日本－历史－通俗读物

Ⅳ．① K313.09

中国版本图书馆 CIP 数据核字（2018）第 220661 号

书　　名： 漫谈岛国——你一定好奇的日本史
作　　者： 尹　霞　著

责任编辑： 奚　源　　　**电　　话：**（010）83545974
装帧设计： 闰江文化
责任印制： 赵星辰

出版发行： 中国铁道出版社（100054，北京市西城区右安门西街 8 号）
印　　刷： 北京鑫正大印刷有限公司
版　　次： 2019 年 1 月第 1 版　2019 年 1 月第 1 次印刷
开　　本： 700mm×1000mm　1/16　**印张：** 14　**字数：** 211 千
书　　号： ISBN 978-7-113-24987-8
定　　价： 44.00 元

内容简介

拥有着绵长的海岸线，传承着同样的东亚文明，有着神秘而相似的传统文化，漫长的几千年间与中国始终有着亦敌亦友的关系……这就是日本。

相信许多人对我们这个一衣带水的邻邦充满好奇。也许你看过日本的漫画、听过日本的歌曲、关注过日本的新闻，但说起日本的历史，很多人都不甚明白——跟我国几千年的绚烂文明相比，它似乎太过暗淡了。然而想要了解日本这个民族，是无法脱离历史的。它到底经历过怎样的过去，才有了现在这些习俗、文化和精神？在历史上，日本与中国又有着怎样的多方面联系？以史为鉴，我们能从中得到什么启示呢？

本书为读者介绍日本的主要发展史，对日本的文化、经济、军事与民间风俗等都有涉猎，用一本书的文字介绍日本整个的断代发展过程，非常简明扼要，又兼高可读性。

本书第一部分按“古代史、中古史、近代史”划分，以断代史的方式撰写，从日本第一次统一的大和时代开始讲起，以时间线简略介绍日本历史；第二部分则从不同角度对日本史进行详细诠释，让大家可以从多个角度感受历史上的日本到底是怎样的国家。

目录

CONTENTS

第一章：属于贵族的时代

第二章：从武士精神说起

第三章：天皇与军国主义

第四章：经济是基础

第五章：曲折的探索之路

第六章：日本文化的发展

第七章：自得其乐的庶民物语

第八章：复杂的朋友圈

第一章 属于贵族的时代

埋葬历史的坟墓

关于日本的那些事儿，我们将从公元三世纪左右开始的大和时代讲起。根据日本人的说法，早在公元前 660 年，第一位统一日本的大王——“神武天皇”就已经横空出世了。之所以不讲这段时间的历史，是因为在没有文字的那些年，历史已经在口口相传中与神话故事难解难分，想象力发挥得很不错，“靠谱”二字就难说了。

单说这位神武天皇，他是否英明神武无人能知，只看他身上“天照大神的儿子，活到一百三十岁”这个标签，你就知道可信度十分有限。略过这一千多年的神话历史，大和时代的日本才逐渐露出真实的模样。

这是一个属于贵族的时代，一个理直气壮毫不遮掩的拼爹时代，人群中的少数者因为“生而高贵”的姓氏，掌握着绝大多数的资源与权力。在这时，身份等于一切。

在日本史上，大和时代还有个听起来不那么吉利的称呼——“古坟时代”。关于这个名字，爱开脑洞的日本人有很多解释。

对多愁善感的文学家而言，古坟时代意味着日本文明的坟墓，是彻头彻尾的悲剧象征，因为那时候没有文字。众所周知，中华上下五千年的文明能够得以存续，跟我们的祖先发明了文字和史书有密不可分的联系。没有文字，传说中再仁慈的天皇、神话里再发达的文明，也都只是传说而已，一张纸片的证据都找不到。

对考古者而言，古坟时代则是再切实不过的称呼。大和时代什么遗迹最多？坟最多。特别在公元三世纪到五世纪末，贵族们之间拼爹拼地位还不够，还得拼房子拼墓穴——就是死了也得死得气势恢宏，这与中国古代“重死而不重生”的观念不谋而合，更是豪族之间彰显实力的象征。古坟不仅发挥着陵墓的作用，也是实力的招牌。

事实上，鉴于社会生产力的普遍落后，贵族的坟墓并不华丽。陪葬品中除了较为贵重的玉器、金银等，就是铁农具、铜镜之类的用品。这并不意味贵族还得干农活，死了也得带上家伙，不过真实情况也没好多少——铁制品、铜镜在当时还算高科技发明，与如今送葬时的“纸别墅”“纸车”有类似的地位，更寄托着土地丰收的美好愿望。哪怕发展到后来，坟墓里也只多了各种骑兵装备、刀具若干，这是“大和国”忙着对外征战的象征，所以陪葬品中也出现“重武”的倾向。由此也可见，大和时代中贵族奢靡无度的生活也不过尔尔，有任性资本的人只能将精力多放在身后事上。

秉持着“陪葬品俭省点不要紧，咱从气势上压倒别人”的想法，贵族的坟陵越来越大、形状越发奇特。早期，人们老实地将坟墓建成圆的、方的，只是个头大些。后来，大约是某个选择困难症患者两种都想要，就折中创造出了“前方后圆”坟。大家一看，这高级啊！反正也没注册知识产权，于是贵族们纷纷效仿，成为一时的流行。到后期，坟墓就在想象力的大道上狂奔，出现了各种各样的形制……

同样的，早期280米宽的坟墓足以傲视群雄，一个操场大小的坟陵，绝对可以做到“每天从500平方米的床上醒来”。到了中期，伴随着“你大我比你更大”的思想，坟墓长度长了将近一倍，最大的“仁德天皇陵”长度达到486米。

这是什么概念？被郦道元定性为“大兴厚葬”的始皇陛下，以倾国之力导致被后世痛骂而造出的秦始皇陵，跟它比大小都输了！“仁德天皇陵”的建造从当时的生产力看，大概发动2000人、坚持16年才能完成一座——不仅刚登基就要忙修坟，还得防着半路下马建不完。这次，再没有古坟规模能出其右。

事实上，若不是仁德天皇的确是中兴之主，建这么一座陵墓就得花光家底。在中国晋代中原大乱之时，天皇趁机张开热情的双手，引大量有先进知识、技术的流民前往日本，终于将日本国力提升起来。在这一背景下，他才有底气建造如此恢宏的陵墓。

在“古坟比拼”的顶峰出现后，也许是无法超越让贵族们失去了比拼的热情，更重要的是从中国等的流民那里接受了先进知识和理念的冲击，于是自公元六世纪开始，古坟群落终于恢复正常大小，只是变得更加精致、形制多样，数量也更多。

权力的秘密藏在姓氏里

大和时代的权力，毋庸置疑掌握在贵族手中。这比中国魏晋南北朝士族与寒门的差别更为严苛，好歹中原士族在自愿或非自愿的情况下，允许将权利让渡给寒门，虽然仍附带赠送歧视加排斥。但对日本贵族来说，寒门是什么？我们的朝廷里压根没这类人！

因为大和天皇与贵族之间的关系显然不同于中原士族与皇室，后者需要扶持寒门跟士族较劲，自己才好当渔翁；前者则不同，大和初期，贵族紧密团结在天皇周围，处于如胶似漆的蜜月状态。所以，天皇乐于提升贵族的地位，更乐于将赏罚的权力握在自己手中，这样，贵族的风筝飞得再远，线却永远被天皇低调拽着，为此，“氏姓制度”诞生了。

中国晋代虽然也有“王谢之家”的说法，但也有姓王、谢的平民。刘皇叔属正经的偏远皇室血统，以前不还是编草鞋的。而在日本没有这个问题，因为在氏姓制度之前，人人皆无姓氏。讲究点的起个好名，平民百姓就“大妞”“二丫”地叫着。由天皇赏赐的“氏姓”打破了这一传统，它的意义更像“爵位”，是瓜分权力蛋糕的体现。

最开始贵族们分享的是“氏”，这算是“一人得道，鸡犬升天”的典型，福利惠及全部有血缘关系的同族。“氏”的授予简单粗暴，如果家族在地方上很有实权，是当地一霸，他们的“氏”就是当地地名，比如葛城的贵族那就是“葛城氏”，苏我的家族就叫“苏我氏”。实际上，这就跟直呼对方“某某省省长家族”差不多，弄得叫人羞耻，显见是日本一贯风格。

在中央直属部门工作的家族，则按他们的工作和职位来命名：天皇的好助手，那就是“大伴氏”“物部氏”，而“膳氏”这样显然就是干过御膳房大师傅工作。

贵族和平民，在称呼上就划出了深深的阶级鸿沟。就连氏族内部，也有“氏上”和“氏人”的差异，前者是首领，后者就是普通成员。三六九等，阶级分明，在当时是再正常不过的事，人们就差把地位刻在脸上。

不过，这似乎还不能让权力的分享者们满意。咱俩都是“氏上”，那怎么体现地位差别呢？于是在公元五世纪末，深谙下属需求的天皇再次给贵族进行了细分，推出了“姓”的制度。

“姓”更加珍贵，只有政治地位较高的“氏上”可以获得。比如参与重大决策相当于宰相的葛城氏、苏我氏等，都姓“臣”。要是叫“大臣”那就更不得了了，必须是领导中的领导，一人之下万人之上的角色，众“臣”之中捧出的月亮。

而天皇直属部门、为皇室服务的家族则姓“连”，其中地位最高的就是……没错，就是“大连”。对这点雷同，天皇表示纯属巧合。

除此之外，地方的“土皇帝”们也没被落下，好点的是“君”，差点的就是“直”，地方官叫“首”，专搞手工业的就是“造”。过去，家族之间有实力差异还可以吹吹牛遮掩一下，这下直接由官方鉴定了，盖戳的还是最权威的人士，申诉都不行，委屈该给谁说？

提高了贵族的权力，让他们拥有不一样的地位，最大的受益者实际是看似分出蛋糕的天皇。贵族享受着制度带来的好处，自然会拥护制度的创造者、修改者，万一惹急了上司直接被踢出圈子，麻烦就大了。所以，在表面草率的“氏姓制度”下，是天皇集权提升地位的陈仓暗度。

缺什么不能缺土地和人

至公元六世纪左右，大和时代的生产力仍然相当低下。当生产力低下的时候，人和土地就是最宝贵的财富。只有有人才能说是拥有劳动力，有劳动力才能够创造出所需的一切物质资料。同样，如果没有领土，又怎么能安置足够的人口呢？又怎么种出足够的粮食以供应从平民到贵族的生存所需呢？

所以，大和时代的贵族的实力标志就是领土的大小与人口的多少。事实上，这两个重要的标准在所有国家的发展史上都有着同样的地位——有人有地，才能算是真正的贵族。

在大和政权的领导下，贵族们信奉着“缺什么不能缺土地和人”的朴素原则，个个如同葛朗台一般，十分看重自己的领地，以及土地上的耕种者，甚至一言不合就会开打。这种看似抠门的行为，实质上彰显了一个非常简单的道理——土地和人口将直接决定贵族是否富裕，并且由此昭示他们的地位。

一个贫瘠的领主，辖下没有足够的土地和足够的耕种者，就连粮食都无法积存，更别说其他一些奢侈享受了。所以，哪怕从吃饱这一条出发，他们也不能放弃这两样，正是因为不发达的生产力，才会导致这种情况。

从上到下，从皇室到地方贵族，他们都有自己的土地和耕种者。大和时代的皇室拥有自己直接管辖的领地，被称为“屯仓”。屯仓并不由皇室直接管理，天皇和他的亲戚们不需要在这些事上费心，中央政府会指派官员来管理皇室的土地。除了管理者之外，这些土地当然需要耕种，所以在屯仓及周边耕种、为政府服徭役的农民，就是皇室的耕种者，被称为“田部”。

皇室有屯仓，地方贵族自然也不能太落后，所以贵族们也有自己的私有土地，被称为“田庄”，在田庄中工作的耕种者就是“部曲”。这些劳动者不仅为贵族耕种土地生产粮食，还包揽了其他一切工作，比如进行手工业制造或者是从事文书编制等。可以说，部曲就是地方贵族所领导的小政府的人才来源，如果贵族之间产生了摩擦，一言不合就开打，要上阵的也是部曲。

因此，别看名义上是耕种者，部曲数量的多少直接决定了地方贵族的军事和政治实力。

从这儿就能发现，皇室和中央与地方贵族之间有一个非常难以平衡的矛盾——土地和人一共就这么多，你也需要，我也需要，到底给谁好呢？尤其是皇室和地方贵族之间，如果皇室占有的土地和人比地方贵族还少，就说明他们的实力尚且不如贵族，在残酷的现实中，必然会导致皇室的权力旁落。所以，当大和政权想要集中权力，不让地方贵族的势力威胁到皇王室时，就会下达政策，让地方贵族将一部分的私有土地和人民划归政府，这些从贵族手中被“夺走”的人口，既不属于皇室，也不属于贵族，而是由政府直接统治，被称为“子代”。

“子代”是皇室和地方贵族角力所产生的特殊产物，当中央政府的统治权握在皇室手中时，“子代”就是属于皇室管辖的；当中央政府的统治权落在某一位贵族手中时，“子代”自然就转而为贵族服务。由此可见贵族与皇室间土地和人口之争的激烈，而大和政权的最后倾覆也与这两个关键因素分不开，这一点我们后面会仔细讲。

从县主到国造的升迁之路

别看大和时代的贵族只靠着土地和人口就能自给自足，看似并不依赖天皇的统治，但皇室的地位也是毋庸置疑的。谁都希望获得政府的承认，有实力的贵族，哪怕不靠皇室的承认吃饭，也想着在政府中获得一官半职，这非常有利于他们对某个区域的统治。

你看，连皇室也选拔他们成为这个地区的管理者，这不就代表他们除了自己的实力之外，背后还站着整个皇室和中央政府吗？千万别说“强龙不压地头蛇”，我们都知道“普天之下，莫非王土”，只要获得了政府的承认，在当地的贵族圈子里，天然就比别人高了一头。

所以在政府中获得承认，是贵族们孜孜以求的事。

在大和政权刚建立的时候，虽然天皇已经做到了统一，但统治力量还相对薄弱，所以并没有将所有的土地都划分并委任管理者，只是选取几个重要的地区设置了“县”，然后在当地的实力贵族中选择一位“顺眼”的，委任为“县主”。从日本的国土面积以及大和政权所统治的区域来看，县主的管辖范围估计与现在我们通常意义上的“县城”大小差不多。

不过麻雀虽小，五脏俱全，拿了政府的委任，吃了政府的饭，就得为政府干活。贵族们成了地方上的县主，就要负责所管理区域内的行政事务。比如皇室的屯仓，就会交给这些县主的家族去管理，同样他们还要对屯仓的部民负责，所以就相当于将人口也把握在了手里，当地的军队指挥权也就落入手中。但同样，他们享受了权利，也得履行义务，每年向中央政府进贡足够的物资非常重要，这就如同缴税，内容包括但不限于粮食、牛马、士兵等，而且当政府需要的时候，他们也得积极服徭役，为国家干活。

而这些贵族在大和政权的领导下，还有升迁的机会。当政权的统治逐渐加强，他们所领导的土地也就在不断扩大，所以在五世纪到七世纪之间，大和政权更改了“县”这个区划，扩大为“国”，县主也就水涨船高成为“国造”。

虽然国造所掌管的区域显然不可能有一国之大，但相对过去而言，也算是鸟枪换炮了。这种行政区划变化，也充分反映了大和政权的统治力量在不断增强。

趁乱上位的飞鸟时代

在大和时代，基于皇室和贵族对土地和人民这样划分和依赖，这种统治制度又被称为“部民制”。部民制有它的优势，也会带来一些不可调和的矛盾——在争夺土地和人民的过程中，难免会引起皇室和贵族之间的摩擦。大和政权的结束就是由此导致。

公元六世纪初期，继体天皇即位，这位天皇一上任，就面临着内外交困的境况，可以说是非常倒霉。继体天皇在位时，中国的东北部区域及朝鲜半岛战乱不断，高句丽与新罗实力强大之后，便开始威胁百济。百济在朝鲜半岛的区域统治，依赖大和政权的支持，大和政权在朝鲜半岛南部投入了大量精力，当然就是想通过这种对外扩张获得好处。一看自己的小弟被人威胁，也意味着自己之前的投入即将鸡飞蛋打，大和政权当然不会坐视。他们采取的办法就是继续加强投资，全力支持百济。

这种投入可不是凭空而来的，不管是军力还是物资，都需要大和政权提供。故而继体天皇在国内不断扩张自己的屯仓，并霸占那些地方贵族的私有领土和人口。在这种情况下，关于土地和人口的争夺就愈演愈烈，政府和地方的摩擦越来越多，堪称是相看两厌。而且对外的军事负担投射到国内，就是对地方贵族和百姓的压榨。时间久了，就算是富裕的贵族家也没有余粮，他们心里的意见就更大了。

所以六世纪中期之后，部民制就无法延续下去了，不管是政府还是贵族，所统治的部民都因为压榨而逃亡，制度开始瓦解。朝廷内部也开始有了不同的声音，贵族开始思考与百济之间应该保持怎样的关系。

一方面，朝鲜半岛的移民不断跑到日本，如何安置是个问题——难民问题可不是只有现代才有。一方面，半岛内乱关系到日本的海外“投资”，他们需要做出决断；另一方面，国内部民制的摇摇欲坠，也是矛盾突出的部分。内外交困，问题一触即发。

这其中，有保守派就有激进派，其中苏我氏就是积极接受外来文化、试图加强同外界关系的激进派。苏我氏看中移民能够带来的技术和劳动力，也愿意与百济乃至隋朝交流，所以他们也支持当时的百济推崇的佛教。保守派则与之相反，他们的这种态度也体现在宗教上，表达了对佛教的极端排斥，代表就是物部氏。

这两家以佛教为由头，互相进行的攻击和钩心斗角那是不计其数。587年，用明天皇去世后，皇位继承的问题，成了这两家贵族，也就是两方势力决一死战的导火索。最终，苏我氏在苏我马子的领导下打败了物部氏，成为胜利的登顶者，并扶持了崇峻天皇。

这段混乱的时光并没有因为崇峻天皇的上位而结束，事实上，崇峻天皇并没有感激让自己成为最高领导者的苏我氏，反而对他们让自己成为傀儡的行为相当厌恶。崇峻天皇甚至曾经当着众人的面，指着献给他的野猪说道:“什么时候我能像砍掉野猪的脑袋一样，砍掉我所嫌弃讨厌的人啊！”他是怀着对苏我氏多大的愤恨才能说出这种话呀！

苏我马子知道了，其惊讶和恐慌不用多说，虽然相当大的权力握在他的手上，但是遭到天皇的嫌恶，总归不是一件好事。所以为了除去这个看自己不顺眼的天皇，他唆使东汉直驹杀了天皇，推举与自己有血缘关系的外甥女炊屋姬登上皇位，这就是日本第一位女天皇——推古天皇。推古天皇在592年即位，人们将她即位的这一年看作是飞鸟时代的开始。

推古天皇的即位，结束了一段混乱的权柄争夺，也结束了大和政权。虽然皇室的血脉未变，但是日本历史的一个新时代终于拉开了序幕。

改革要全方位下手

苏我马子支持推古天皇即位，也算是费尽心机了。推古天皇是他的外甥女，按照当时的传统，天皇的皇子和皇女往往是由外祖家抚养长大，所以苏我马子与推古天皇之间可以说是有相当浓的甥舅情谊。除此之外，推古天皇所立的皇太子——用明天皇的儿子，也就是圣德太子，也与苏我家族有密切关系。用明天皇是推古天皇同父同母的亲哥哥，也是苏我马子的外甥，圣德太子作为用明天皇的儿子，自然天生与苏我家族有亲，还有两个苏我氏的妃子。

不过，皇室之家即便是有亲戚关系，也不妨碍他们的权柄争夺。苏我马子以为立了和自己有血缘关系的天皇就高枕无忧了，但事实上，圣德太子不仅是一个聪慧的合作者，也是一个有力的竞争对手。

飞鸟时代开始并不意味日本内忧外患的境况得到了缓解，当时中国建立了隋朝，正处于统治巅峰和强大时期，朝鲜半岛的新罗不仅和百济不对付，与日本也是完全对立的状态。而内部，部民制的统治制度显然已经跟不上发展的需求，贵族掌握的权力实在太大，面对如苏我氏这样的眼中钉，皇室的力量太单薄了。

对此，深受隋朝影响的圣德太子决定效仿隋朝、新罗，建立一个天皇统治下的中央集权的政府，所以开始了全方位的改革。

从圣德太子的制度改革上就能看出他的野心颇大，始终致力于加强天皇和政权的统治力。但是圣德太子在官位制度上的政见显然与贵族势力是相悖的，权力的蛋糕只有一个，贵族当然不愿意让天皇全部握在手中，所以并不支持圣德太子的改革。虽然苏我氏在某些地方也为圣德太子提供了一定的支持，但在这方面也是始终不肯松口的。不可否认，这位力求改革的统治者既清醒又聪明，但也因此意识到了自己所处的位置和无能为力。所以晚年的圣德太子沉迷于佛教之中，认为世间一切都是虚假的，这就是他一生求而不得、壮志难酬所表现出的极致孤独。

圣德太子的改革虽然没能在他在位时成功推行，但是他在思想文化上对于佛教和儒家思想的推广，却在日本的历史和文化上留下了浓墨重彩的一笔。飞鸟时代的文化围绕着浓厚的佛家思想氛围展开，最终形成日本历史上极为独特的“飞鸟文化”，流传甚远。

传说中的外戚干政

飞鸟时代延续的时间并不长，在整个飞鸟时代的发展过程中，“外戚干政”是一个相当典型的现象，或者说在整个日本历史上，每一个时代都逃脱不了外戚的影子。

之所以会有外戚干政的现象存在，就是因为日本历史上，天皇的子女往往会交给外祖父的家族抚养。这些在外戚家族长大的皇子皇女，必然和自己的外祖一家有极为深厚的情谊，在思想上也会受到他们的影响。当他们中的一些人成为天皇之后，不管是从情感还是理智出发，都会倾向于自己的母族。如此一来，一个外戚家族往往可以通过数代与皇室联姻，让每一位天皇都与自己有密切的血缘关系，从而成为掌控朝政的权力家族。

这就是日本外戚干政的原因所在了，比如飞鸟时代，影响整个时代的外戚家族就是苏我氏。

扶持推古天皇即位的苏我马子，是飞鸟时代毋庸置疑的权力者。他出身的苏我氏是当时日本首屈一指的大家族，苏我马子尚未掌控朝政之时，他的姐妹就已经成了天皇的妃子。

姐姐苏我坚盐媛是钦明天皇的妃子，她生的一子一女先后成为日本天皇，这就是用明天皇和推古天皇。用明天皇的儿子是圣德太子，如果不是圣德太子早亡，将又是一位与苏我家族有密切血缘关系的天皇。

正因为这样，苏我马子一开始就与皇室关系紧密，自然可以手握权柄，而当他大权在握后，先后又将自己的三个女儿嫁入皇室，分别嫁给崇峻天皇、圣德太子和后来的舒明天皇。

这样一来，天皇与苏我氏的妃子再生儿女，就可以继续保障苏我家族对朝政的影响力。就是通过这种不断联姻的方式，历朝历代的日本都有不可撼动的外戚势力。

这种外戚干政所导致的后果也是十分严重的，毕竟权力会滋长人内心的欲望，当权力到达顶峰后，他们就必然会做出一些身份所不及的事。628 年，推古女皇去世，而在她去世之前，圣德太子已经先一步而去，所以皇位继承人就成了一个值得商讨的问题。推古天皇遗言希望圣德太子的儿子，山背大兄皇子能成为下一任天皇，但是苏我马子的儿子，苏我虾夷却并不认同这个遗言。有一定权力和影响力的圣德太子已经去世了，对于这个不太好掌控的太子，也许苏我家族早就有了不满，也许正因此，苏我虾夷不愿让山背大兄皇子成为新一任的天皇。苏我虾夷为了推举自己心仪的人选，甚至杀掉了自己的叔父，最终擅自决定了下一任天皇人选，即舒明天皇。

不仅苏我虾夷跋扈专权，他的儿子苏我入鹿也不遑多让，他甚至为稳固政权，逼死了山背大兄皇子整个家族。除却名义上对天皇的尊敬，苏我氏已经成为当时真正的国家掌权者，为建造逾制的豪华宫殿和陵墓，调用大量劳动力服徭役，堪称是“公器私用”的顶峰，一时间民不聊生。

这种外戚专权所导致的后果，在整个日本历史上并不少见，其根本原因就是日本皇室制所造成的。

内忧外患下的最后一根稻草

整个飞鸟时代都是内忧外患下在夹缝中求生存。在这种情况下，苏我氏还利用手中的权力大肆挥霍和享受，实在是往死里压榨劳动力。

这种不符合客观现实的需求，必然会导致民不聊生，其他贵族也会因此产生不满。毕竟资源是有限的，如果都给了苏我氏，其他贵族的生存空间必然大幅下降。他们未必真正会因为百姓生活艰难而去反对苏我氏，但从自身的权益出发，他们一定会成为苏我氏的对立者。

只能说苏我氏自己作死，就怪不得别人利用这个机会了。

希望朝廷变革、让权力再次回到皇室或者其他贵族手中的改革派，集合在中大兄皇子及他的支持者中臣镰足身边。他们积极从留学生那里学习外来的经验，希望从中国隋唐的政治智慧当中找到可以适用于日本的部分，立志实现政治及其他方面的革新——革新的导火索，就是苏我氏父子的专权。

可以说，苏我氏父子的专权就是压倒现状的最后一根稻草，让中大兄皇子等改革派下定决心实施革新，以求迎来新的阶段。

645 年，朝鲜半岛的使者例行向大和政权赠送礼品。借着这个朝中有大事的机会，中大兄皇子趁苏我入鹿面见皇极天皇的时候，派人杀了他。中大兄皇子敢这样做自然是有恃无恐，因为皇极天皇是他的母亲，不会惩戒于他。在这之前，苏我入鹿曾经因为逼迫山背大兄皇子，导致圣德太子家族全部自杀身亡，引起皇室相当的不满，所以这一次刺杀，已经是必然结果了。苏我氏因为毫无准备，被中大兄皇子一派很快接管了权力，苏我虾夷最终选择自尽。

苏我氏的专权终于结束了，这个曾经在飞鸟时代留下浓墨重彩一笔的重要家族，因为自己的权力欲过剩而走入了坟墓。政变之后，敏达天皇的曾孙即位，即为孝德天皇。孝德天皇与中大兄皇子和中臣镰足关系非常紧密，可见改革派赢得了最终的胜利。日本有了第一个年号“大化”，并在这些人的主持下，开始进行“大化改新”，推行政治和经济上的深度改革。

大化改新借鉴了许多隋唐的经验，新政几乎是隋唐统治制度的翻版，对于天皇的中央集权非常有效。可以说大化改新为日本迎来了一个新的发展阶段，也延续了圣德太子时期的改革，让权柄逐渐从贵族手中过渡到天皇为首的中央政府手里。

为皇位大打出手

孝德天皇即位之后，就将中大兄皇子立为太子。在中大兄皇子尚未即位时，中国唐朝出兵帮助新罗进攻百济，日本为了维护多年在百济的政治投资，也出兵朝鲜。

所以这场角力名义上是新罗与百济的争斗，实际上是唐朝与日本之间的实力较量，结果当然是显而易见的——日本及其支持的百济怎么可能获胜呢？在这种情况下，日本不仅败退收兵，还得加强对西部地区的防卫。

虽然唐朝不一定有这样的闲心进攻日本，但这种警惕还是很必要的——万一打过来了呢？

中大兄皇子为能够加强整个国家的防卫，就必须要获得贵族的支持。在这种情况下，继续进行削弱贵族权益的大化改新就有点说不过去了——毕竟对贵族来说，怎么会有这种一边挨打一边还要出力的事呢？

所以，这次对外决策的失利无疑拖延了大化改新的步伐，在一定程度上又恢复到了过去的部民制。

中大兄皇子继位后成为天智天皇，平心而论，这是一位有才能的天皇。在他的带领下，飞鸟时代的政治制度得到了极大完善，同时在社会民生、经济等方面都有一定积极的影响，是为飞鸟时代迎来繁荣昌盛的一位政治家。但是天智天皇的一些政策始终与贵族相对立。他即位之后，也曾多次试图重新杀回朝鲜半岛，继续建立日本在海外的影响力，可惜结果是显然的，对上唐朝，以日本的军事实力无异于以卵击石。这种军事上的失败与内部改革面临的压力，让天智天皇内外交困，同样也让贵族对他更加不满。

所以，虽然天智天皇一直想要效仿唐朝，改变兄终弟及的即位政策，让自己的儿子大友皇子成为下一任天皇，但实施起来很不简单。因为贵族对他有所不满，加上他出兵百济又失利，政治上的权威已日益下降。此时天智天皇的弟弟，大海人皇子就开始频频露脸，试图展示自己的政治实力——事实上，这个契机显然把握得很好。

大海人皇子多次代表朝廷发布律令，虽然名义上没有“左大臣”的职位，但实际上却成为左大臣权力的掌控者。在飞鸟时代，左大臣是位极人臣的职位，所以大海人皇子在政治权力上已经比大友皇子早走了一步。

因此天智天皇去世时虽然想让自己的儿子即位，但大海人皇子并不同意，他已经是一个在国内有一定影响力的政治家，即便还没有即位，身边也有了很多支持者。这样一股势力自然不容小觑，加上倒霉的天智天皇多次试图与唐朝掰腕子都失败了，在国内声誉跌落不少，此消彼长之下，即便是天智天皇也无法左右下一任天皇的归属。

故而在他去世之后，就发生了“壬申之乱”，大海人皇子与大友皇子这一对叔侄为了皇位大打出手。

说实话，天智天皇青睐自己的儿子大友皇子也不是没有原因的。大海人皇子是一位出色的政治家，大友皇子也不差，不仅博学多才，而且非常有天智天皇年轻时的风采，是个聪慧的青年，天智天皇十分喜爱他。不过大友皇子确实也有一些不利的地方，他的母亲虽然是地方豪强的女儿，但放在中央就很不够看了，所以在宫中身份不够高。也许对于天智天皇来说，他深恨外戚专政，所以对母家出身不高的皇子更加中意，但是这并不符合当时的潮流。人们认为天皇是上天的儿子，所以出身必然十分高贵，卑贱的人无法成为天皇，因此大友皇子在出身上就矮人一截。在这种情况下，他在年龄上还没有什么优势，大海人皇子已经是出色的政治家了，而他还没有什么政治阅历。如此一来，除了父亲的支持，大友皇子的优势并不明显。

在天智天皇这个大友皇子最大的靠山去世之后，大友皇子并没能取得贵族的支持，所以很快就被大海人皇子赶下了台，还没能按照遗嘱登上天皇之位，就兵败自杀了。这场战乱结束之后的 673 年，大海人皇子在宫中即位，成为天武天皇。

新都城与新气象

天武天皇于 686 年去世，这也是一位有一定政治影响力的天皇。他去世的 20 多年后，飞鸟时代因为迁都而宣告结束，日本历史上著名的奈良时代开启了。

710 年，元明天皇主持迁都于平城京，也就是现在的奈良城。此时，经过从圣德太子开始的改革，经过大化改新之后数位天皇的努力，日本天皇的政权基本稳固，百姓生活也得到了一定的发展。由于学习了来自中国的先进技术，生产力得到长足进步，社会也逐渐繁荣。因此，奈良时代是日本历史上相当繁盛的时代。

没有了外戚干政导致的天皇权力旁落，也没有内忧外患战乱纷纷，国泰民安的太平盛世逐渐到来。奈良时代一个特别显著的特点就是女皇颇多，虽然这一时代延续的时间并不长，只有仅仅 84 年，却先后有七位天皇，其中四位都是女皇，包括开启奈良时代的元明天皇。其余几位男性天皇身边也少不了女性的影响。

也许是因为唐文化的影响，导致女性地位上升，也许是因为社会繁荣昌盛的时候，女性的地位就会有一定提升，总之，奈良时代女皇当政的这一特殊现象是非常有趣的。

奈良时代的文化，深受唐朝与印度文化的影响，所以就连新建立的都城平城京的形式也模仿了隋唐的都城长安，有着非常显著的对称之美。平城京的宫城位于北边的中间，从中央引申出一条大路，将整个平城京分成两半，分别为左京和右京。除此之外，还通过各种大路将其整齐规划，可以说是当时最先进的城市规划设计了。平城京建立之后，仿佛是一个日本版的长安，可见日本当时受唐文化影响之重。

奈良时代的文化，不仅有着浓厚的隋唐气息，也如同飞鸟时代的文化一样，极具佛教特色。佛家思想在整个日本具备极强的影响力，因此佛教艺术是奈良时代的艺术瑰宝，也是最具特色的典型文化象征。

如此看来，那时日本与隋唐一样，甚至整个东亚地区，都有显著的“盛时佛教”的规律。每当盛时到来，人们就格外追捧思想和谐的佛家文化，也是一大规律特色。

动荡的过渡时期

奈良时代的繁荣昌盛是建立在政权平稳、社会和谐，没有动荡的基础上。所以关于这一时期的艺术文化，我们有相当多内容可以去书写，但在政治方面就相对薄弱，颇有盛世“无为而治”的意思。从奈良时代进入平安时代，则有了一个相对动荡的过渡时期。

平安时代，始于恒武天皇迁都平安京——也就是如今传承千年的日本京都。恒武天皇的迁都决定，与一个早早去世的人物有着密切的关系，那就是他的弟弟早良亲王。这一切还要从他们的父亲光仁天皇说起。

光仁天皇一家原本是皇室旁支，而恒武天皇与早良亲王又是姬妾所生，他们的母亲是朝鲜半岛的百济人士，属于备受排斥的“外国人”，因此兄弟俩堪称旁支中的旁支。

生在皇室却不在权力中心是另一种痛苦，于是在早良亲王十一岁时，宠爱小儿子的光仁天皇就给他找好了出路——出家当和尚！在日本，得道高僧的地位是很高的，这不失为一个好办法。早良亲王也很争气，借着身份与个人努力，仅仅十年时间就成了一寺住持。

这时候，一个意外降临了——他的老爹，竟然以62岁的高龄当上天皇了！

这个大馅饼让光仁天皇一家都如坠云雾。也因此，一力辅佐天皇登上宝座的权臣藤原百川，成为天皇一家的“大恩人”。事实上，年迈的天皇仅有一个名分，权力都在藤原家族手中，自然要对他言听计从。抱着“藤原说什么就是什么”的心态，他任由藤原百川冤杀了皇后与嫡子，然后将皇位让给了自己的庶子——恒武天皇。

藤原百川一力扶持两任天皇上位，当然不是因为要做好事，而是也想成为天皇背后真正的掌权者。从他将两个女儿分别送给光仁天皇父子俩为妃可见，藤原百川是很想走藤原家一贯的路子以外戚身份掌权的。

这时，在看似人人得利的表面下，问题并不少。恒武天皇有个八岁大的儿子，他既登位，当然想让儿子做皇太子。可是光仁天皇却大手一挥，将皇太子的位置给了他的弟弟——还在寺庙里修行的早良亲王。本来有希望混成高僧的早良亲王，就这样被老爹愣是揪了出来，放进了权力中心，顺道得罪了自己的哥哥。

恒武天皇一直想找机会将早良亲王拉下马，加上天皇宠幸藤原家族，早良亲王身边的重臣大伴家持却是“反藤原派”的人物，更让他们水火不容。在这样的僵持下，恒武天皇首先找到机会。

785 年，恒武天皇把大伴家持“发配”到了蛮夷之地，将这个年近古稀的老人变相流放。当年八月，他就在当地去世了。恒武天皇还没来得及得意，一个月后，就轮到他自己哭了——他的宠臣藤原种继被暗杀身亡。

藤原种继是藤原百川的侄子，被恒武天皇派去督建新都城——长冈京。这本是一个相当不错的差事，谁能想到他会因暗杀而丢了性命呢？

两方势力看似两败俱伤，实际还是早良亲王吃亏。恒武天皇以暗杀事件为由头，将罪责丢到早良亲王头上。倒霉的亲王在家绝食了十天，还是没能证明自己的清白，最终在流放途中去世。恒武天皇显然深恨自己的亲弟弟，愣是让人将他的尸体送到流放地，在当地草草掩埋。

自己的儿子可以当皇太子，这让天皇终于顺心如意了。然而一年后，他发现麻烦才刚刚开始，后宫中相继死去的妃子与屡屡出现的天灾，让恒武天皇焦头烂额。他思来想去，认定这一切是“怨灵作祟”，并归咎于早良亲王。

为了躲避怨灵，恒武天皇将迁都长冈京的念头放下，转而看中了被称为“平安乐土”的平安京。于是，794 年，恒武天皇正式在平安京建都，平安时代就这样拉开了序幕。

为什么藤原家族如此顽强？

在日本历史上，藤原家族是相当著名的显赫家族之一。他们的权力在平安时代达到顶峰，对日本皇室影响长达300余年，名义上是天皇之下的第一家族，实质上则是整个朝代的权力掌控者。然而，藤原家族的权力并不始于此，早在飞鸟时代，藤原家族的领导人就已经在政治舞台上展现出了自己的影响力。

在苏我氏专权的时候，是后来成为天智天皇的中大兄皇子与谋臣中臣镰足共同策划，最终将苏我氏推翻。天智天皇尚且有不如意的地方——自己的儿子没能如愿成为天皇，但中臣镰足的结局却好很多。因为他在政治上的正确投资，后来不仅位极人臣，还在去世之后被天皇赐姓——藤原。这就是藤原家族的始祖。

由此可见，藤原家族在飞鸟时代就已经成为显赫一时的大贵族和权力掌控者了。但是因为从天智天皇起，所有的天皇都致力于实现中央集权，所以藤原家族虽然一直在政治舞台上有所表现，却不能成为能摆布天皇的真正掌权者。直到恒武天皇与之后的平城天皇和嵯峨天皇力求进行改革，任用藤原冬嗣作为亲信，才给了藤原家族又一次上位的机会。

有趣的是这些改革本是为加强天皇的权威而进行，却给了藤原家夺取天皇权柄的机会，实在是只能感叹天命如此。

藤原家族为了维持得来不易的插手朝政的机会，再一次选择了走百试百灵的“外戚路线”。命运就是如此巧合，曾经的藤原家族靠着灭亡苏我氏外戚而登上权力顶峰，如今却又要靠成为外戚来掌控政权，这似乎也预示着他们将走苏我氏老路的结局。

公元九世纪初期，藤原冬嗣的女儿成了天皇妃子，并生下一个皇子，让藤原冬嗣有了理直气壮在朝中指手画脚的机会。藤原冬嗣儿子藤原良房看到甜头，就也学着父亲的样子，将自己的女儿送入宫中，嫁给外甥为妃。842年，天皇要立皇太子，藤原良房利用这一事件排挤政敌，除掉了自己的两个竞争对手，同时成功拥立自己的亲外甥为皇太子。

这个外甥就是后来的文德天皇。不过藤原良房为自己的外甥鞠躬尽瘁，并不代表他就毫无私心，他的所作所为当然也是为了藤原家族的基业不倒。所以文德天皇即位之后，虽然他已经有了三个较为年长的皇子，但是藤原良房知道他们都不姓“藤原”，所以半胁迫地让文德天皇立自己女儿所生的儿子为皇太子。此时，藤原良房的这位太子外孙才刚出生九个月。

谁当皇帝在他眼里并不是非常要紧的事情，能不能给藤原家带来世代相传的利益，才是藤原良房所关注的。八年后，文德天皇去世，藤原良房九岁的外孙成为清和天皇，此时藤原家族的势力发展到了鼎盛。

曾经多代天皇都在为摆脱贵族世家而努力，但是与贵族的不断通婚和紧密的家族联系，还是让他们无法真正获得自由和权力。这不，清和天皇就不得已成为傀儡，就算长大之后心有余，也力不足了。

作为外祖父的藤原良房去世后，清和天皇甚至跟自己的舅舅藤原基经掰手腕，试图收回放出去的权力。比如藤原良房曾被任命为太政大臣，这一职务过去是从没有皇室之外的人担任的。藤原家开了一个先例，自然想将其长久维持下去，但是清和天皇并不愿意。

这次小小的挣扎，换来的是改朝换代——877年，藤原基经因为清和天皇的不听话，逼迫他退位并将皇位传给了太子，九岁的阳成天皇登位。大概是清和天皇的反抗格外让他不爽，后来藤原基经干脆将阳成天皇也赶下台，直接寻找了一位年过半百的皇室，也就是时康亲王上位，成为光孝天皇。

光孝天皇成为天皇的时候已经55岁了，在当时就是随时可能听候死神召唤的年纪。这时天上突然掉下一块大馅饼，对光孝天皇来说是一种惊喜，所以他没有清和天皇那种来自正统的理直气壮，对藤原家族是感恩戴德，让藤原基经“万政领行”，成为名义上一人之下实际凌驾于天皇的存在。

所以光孝天皇去世后，宇多天皇即位，也延续了这个不敢违抗的态度。他甚至颁布了新规定，要求“万机巨细，百官总己，皆关白于太政大臣”。这其中，“关白”就是禀告的意思，后来“关白”成了摄政者的职位，几乎成为藤原家族的专属。藤原家族就是通过这样一番拼杀，给自己赢得了关白摄政的大权，后持续了两百多年。

请神容易送神难，养大了一个权力家族，再想收回权力就是难上加难了。天智天皇能灭苏我氏，那是靠着从圣德太子时期就进行的铺垫，加上其他贵族的帮助，而藤原家族有了前车之鉴又怎么还会和苏我氏一样不小心呢？

在政治上，关白摄政的政权模式，让藤原家族的政治地位达到顶峰。藤原家族的内部政所甚至成了真正意义上的朝堂，天皇成为随意废立的棋子和傀儡。同时，藤原家族也是专心走“外戚路线”，在藤原道长时期，他的四个女儿都嫁给了天皇，其中三个成为皇后，三个外孙也先后成为天皇。三四十年间，藤原道长是国家实际的领导者。藤原家族做外戚时期，几乎所有的天皇都是藤原家族出身，母系皆为藤原家族。后三条天皇即位时，就险些因为自己不是藤原家族出身而被阻拦，藤原家族甚至因此公然不承认他的继承权。

在经济上，天皇曾经试图采取并推行“庄园制”模式，加强自己的统治力，削弱藤原家族。没想到，想得不错实施起来却难，庄园制的制度本身就有一定漏洞，反而成了给藤原家族送上的一份厚礼，让藤原家族迅速发展，成了最大的庄园主，拥有了有力的经济后盾。这实在是一时不慎，搬起石头砸了自己的脚。

种种因素下，藤原家族的影响力、实力，在各方面都与其他贵族乃至皇室拉开了距离。在这种“我与皇位就差一个名分”的境况下，藤原家族的生存能力当然不可小觑。

武士力量的逐渐兴起

平安时代，武士阶层的兴起和农业政策的变迁有着密不可分的关系。仔细想来，武士最初战时为兵，平时为农的情况不在少数，所以将武士和农业联系在一起，也就不是那么难以想象了。

说到平安时代的农业政策，必须要再往前回溯几代，从大化改新时期的班田制说起。班田制就是按人和户来划分土地，一家里有几口人，几个男人几个女人，应该划分多少地，都是有一定标准的。只要划分了土地，除非死亡，土地始终属于本人，不可买卖。同样，这些土地每年也要按数量缴纳足够的税收。

如此一来，就做到了“普天之下莫非王土”，国家得到了财政收入，也加强了天皇的统治。不过班田制在发展过程当中逐渐显露出一些弊端，其中最大的一个漏洞就是贵族和寺庙名下的土地是不需要交税的。

一些人的算盘打得很精，对于大小地主来说，能不交税就意味着能够多一份收入，尤其是在朝廷税收较重的时候，他们难免会畅想“如果我家的土地也列入贵族名下就好了。”有人这样想，就有人敢去实践。有些地主为了逃避税收，就将自己的土地寄存在寺庙或者贵族的名下，通过每年上缴“贡品”，依附其生存。二者一拍即合，一个逃避税收，还找到了大靠山，另一个则得到了下属力量和经济来源，这一场合作真是双赢。所以班田制逐渐隐退，到寄存制发展之后，就形成了一个个大庄园。

皇室曾想利用庄园制收回政权，却弄巧成拙，让庄园的存在成为不交税的代名词。涉及利益纠纷，庄园和国家政权、庄园和庄园间的矛盾就越来越大。这让拥有土地和人口的庄园主们开始紧张起来，不管是为了保障自己现有的土地不被他人侵占，还是为了更多侵占别人的土地，他们都开始追求武装力量。

话说“落后就要挨打”，这句至理名言放在平安时代的庄园主这里，也是非常贴切的。能不能保住自己庄园名下的土地和人口，不看法律，也不看政策，单看他们谁的武装力量更强，谁能在火并中胜出。

一开始这种武装力量当然不是正规的，一个个如同游击队或者是民兵一样，堪称是最基本的农民武装。这些庄园主组织起来的青壮年，大多数都是平时以务农为生的农民，一旦有了矛盾冲突，才会从武争斗。时间久了，当这种冲突越来越多、对武装力量的需求越来越强的时候，武士阶层与农民阶层就逐渐分离开来。

武士可以解读为是从农民转型而成的职业军人，以武力为生，几乎不再参与任何农活儿，主要的工作就是保卫庄园和贵族的安全。不仅如此，因为也有一些庄园是以寺庙为中心存在的，所以寺院中的僧人也成为重要的武力团体。在平安时代，著名的福兴寺、东大寺等寺院，有的武装力量已达到数千人——在人少地薄的日本，这样一个数字是相当强悍的武装力量。

以现代的观念来解读，武士阶层就是为了保护贵族和贵族财产而存在的保镖家族，他们甚至就是在从事保镖这一工作。而庄园主们率先培养出武士力量，有了保护自己土地和财产的能力，让逃税这件事可以干得更加理直气壮，也就意味着他们更有了跟地方政府对着干的底气。如此一来，在地方政府就职的贵族自然也会感到不安，庄园武士的存在威胁着这些朝廷贵族的利益，所以他们也做了相同的选择——不是只有你们才会招募武士。朝廷命官也开始组建自己的私人武装，甚至于发展到后期，每个贵族家庭都有若干武士家族愿意为其效命。这种主从关系格外牢固，彰显出的武装力量也格外强悍。如此一来，围绕在贵族身边的武士力量就越来越难以忽视了，成为一个新的重要阶层。

后来名闻一时的“平、源氏”，就是当时两个最为典型的强大武士家族。

由保镖发家的平、源氏

前面我们已经说过，武士阶层就相当于平安时代贵族身边的保镖家族。其中名噪一时的“平氏”和“源氏”，就是靠着这项工作而成功发家的。

当然，虽然都是武士，也都是提供保镖服务，但顶尖权力者身边倚重的武士家族和小地主身边武士的地位当然不能相提并论，要成为影响政局的上层社会的武士家族，本身的出身也要高。比如关东地区的平氏一族，是恒武天皇的曾孙一脉，他曾在关东地区任职，卸任之后就干脆留在了当地，家族世代在此繁衍，成为真正的关东一霸，日子倒比回到京都美得多。

平氏一族颇有武士的彪悍，不仅手下私兵强大外人不敌，而且内部打起来也是相当混乱。935 年，平将门杀害了自己的叔叔并叛乱，引发了“承平之乱”。平氏内部斗争激烈，还联合地方贵族藤原纯友一同叛乱。朝廷一时不防备，竟然被他们攻占了许多地方。

这是因为朝廷平时小看了武士家族的力量，所以才会被打个措手不及。这场叛乱的结果也出乎意料，朝廷派来的大军尚未来得及开战，引发叛乱的平将门就被堂兄弟平贞盛杀掉，平贞盛也算报了杀父之仇。平氏的危害靠着内部斗争解决了，藤原纯友则被清和天皇的孙子源经基打败。

虽然源经基所在的源氏家族也是天皇血脉，但同平氏一样，他们也已经赐姓降为臣籍，成了不折不扣的武士家族。不管是叛乱者还是镇压者，平、源氏所展现出来的武士实力，让朝廷和中央贵族深深震撼——这样强悍的力量，简直是最理想的保镖啊！

于是他们纷纷招揽，请武士家族作为自己的“侍”，比如当时的关白摄政藤原家，就招揽了源经基的儿子源满仲，使源满仲和他两个儿子的政治地位直线上升。

如此一来，承平之乱仿佛是武士家族们商量好的一次表演，以展现自己的真正实力登上历史舞台。

平将门虽然引发叛乱，但因为平氏庞大的势力，战后依然是“关东一霸”。源氏家族的主要根据地则在畿内地区，借助 1028 年的平叛讨伐平忠常事件，才将势力蔓延到关东。俗话说，背靠大树好乘凉，源氏家族当时已经抱上了关白的大腿，家族实力自然是水涨船高，加上多次在关东地区苦战镇压叛乱，威信逐渐增长，风头一时无二。所以源氏又有“日本第一武勇之士”的称号，乃至于源氏的影响力遍及全国。在这种风潮下，武士阶层更是逐渐发展起来。

平、源氏是典型的从警卫做到将军的代表，最终源氏成为全国武装的“司令”，而平氏则成为地方大将，拥有军事权力。

争做“太上皇”的天皇们

天皇这个位置不好当的时候，“太上皇”也许是个不错的选择。

1068 年，后三条天皇在藤原家族的重重阻拦下，还是如愿登上了天皇之位。这个跟藤原家族毫无血缘关系、备受藤原家排挤的天皇，是个相当有脾气的人。他并没有因为藤原家族的势力而低头，反而多次颁发政令试图进行改革，以收回皇室的权力。比如他曾经颁发的《庄园整理令》，就是要求庄园主将名下全部土地的证书报告提交上来，一旦发现证书不全，有“圈地”行为，立刻没收，就算是藤原家族也一样。

这样一来，如同黑户一样的“黑土地”一下子被清理出来成为公家财产，可谓是掏了贵族的腰包肥了皇室。很多庄园见到风向，赶紧倒向了天皇，转而寄存在天皇名下。

后三条天皇之后，白河天皇也立志要继承后三条天皇的理想——彻底蹬掉藤原家族！由于天皇的权力受到种种掣肘，几乎成为虚设，白河天皇干脆来了个“曲线救国”，让位给年幼的堀河天皇，自己升级为“白河上皇”。成为太上皇之后，一方面摆脱了作为天皇的束缚，一方面还可以总揽全局，白河上皇在自己的宫殿中设立了新的院厅，开始了“院政时代”。

院政时代与关白摄政的巨大差别，就是原本完全掌握在关白手中的政治力量，渐渐被上皇所分薄。大贵族虽然难以拉拢，但是上皇借助小贵族和新兴武士的支持，一样可以强化自己的权力。尤其是平、源氏，这两大武士家族对上皇开设的院厅起到了极大的支持作用。

院厅下达政治文书，上皇统领院厅，是院政时代的标志。为此，大家人人争当太上皇，一个卸任比一个快。从白河上皇开始，又有鸟羽上皇、后白河上皇等多位太上皇，都是当时政坛上的执掌权力者。有些太上皇卸任了还不过瘾，还要选择到寺庙出家，这就被称为“法皇”。

院政时代，为了跟大贵族尤其是藤原家族划清界限，上皇们利用了自己能利用的一切力量，也就顾不上“打了虎又引来狼”了。所以，过分倚重平、源氏这样的武士家族，导致藤原家族的权力虽然被分走，源氏却逐渐成为可以与他们分庭抗礼的新权贵。到了公元 12 世纪初，源氏家族已经成为赶超藤原家族的存在，武士力量左右政坛的状态出现。

不知道诸位上皇看到这个情况，该如何想呢?

你方唱罢我登场·平、源之争

平、源氏家族虽然都出自皇室，但并非贵族，而是武士家族。在朝堂中不断立功，彰显武士实力之后，他们才重新被赐予贵族身份。源氏是此时当之无愧的第一武士家族，而平氏也不遑多让，敢与源氏斗争。两家在这段历史上堪称“你方唱罢我登场”，谁也不肯低头。

鸟羽上皇时期，虽然通过院政政治的方式同藤原家族争夺权力，但并不意味着就能赢了，真正的皇权集中，反而是平、源氏登上政治舞台后。因为人人争当“太上皇”，所以天皇只有一个，上皇却可以有很多，鸟羽上皇去世后，还活着的崇德上皇就跟后白河天皇因为权力之争产生了冲突。

冲突之中，他们分别都拉拢了藤原氏、源氏和平氏这些大家族中的人。没办法，一个家族太大了，权力的果实不够分，大家都有上进心，自然可能站不一样的队。所以你会发现，上皇和天皇两个阵营里，都有这三家的身影，鸡蛋完美地放在不同篮子里，也是一个相当有趣的场面了。

后白河天皇很明白先发制人的好处，打败了崇德上皇之后，获取了胜利。在这个过程中，他得到了源氏家族源义朝、平氏家族平清盛以及藤原信赖等人的支持，其中平、源氏本来就在关东地区有各种矛盾和摩擦，所以在瓜分胜利蛋糕的时候，也就不意外地产生了异议。

此时在平清盛领导下的平氏正是顶峰时期，后白河天皇给予他更高的官位，源义朝因此产生不满。既然不高兴该怎么办？干脆自己夺回权力算了！当时的源氏已经有了相当大的权力，又联合了藤原信赖一起，突如其来的哗变让人措手不及。

源氏不仅要哗变，而且不做则已，一出手就是要干大事。他们趁着平氏离开京城，干脆直接囚禁了上皇和天皇，想从源头控制整个国家机构。可惜，源氏虽然影响力极强，平氏却正处于巅峰时期，平清盛知道消息立刻返回，藤原信赖被杀，源氏几乎全部被诛，就留下了一个 13 岁的少年源赖朝。

这就是“平治之乱”，第一次大规模交锋，平氏胜了。但他们不会想到，源赖朝这个流放的少年，会成为未来使平氏灭门的复仇者。

平治之乱之后，平氏真正进入了巅峰时期。日本贵族似乎都热衷于走外戚联姻路线，平氏一掌控政局，就开始频频往天皇和藤原氏等贵族家里塞人，以联姻的方式巩固自己的地位。在已经有了军事实力的基础上，平氏还积极建设庄园，让腰包鼓起来，实力一度十分强盛。

平清盛无疑是一个真正的政治家、军事家，他眼光长远，乐于推进贸易，一直跟中国宋朝、朝鲜半岛进行商业往来，进口各种珍宝和书籍，既积攒了财富，又让日本繁荣起来。但是，这并不意味着平氏的作风就能得到其他贵族的承认。

天皇辛辛苦苦推翻藤原家族，难道是为了给自己再找一个“领导”吗？而武士阶层对平氏的态度也不甚明朗，一不小心平氏就树敌太多了。不过，后白河法皇多次密谋推翻平氏的统治，但是平氏硬是不倒。平清盛不管是从武力还是政治上，都牢牢碾压他们。

但是当举世皆敌时，再强悍的个人也难免无能为力。1180 年，平氏再一次镇压了皇子以仁王的武装，虽然照例赢了，却引发了全国的武士叛乱。其中最强大的就是当年源氏被流放的孩子——源赖朝。

源赖朝借助自己岳父的力量，在关东地区等待时机，准备再次杀回来。恰好 1181 年平氏最大的依仗平清盛去世了，接连的灾荒让平氏措手不及，给了源赖朝进攻的机会。源氏家族重新回到京都，赶走了盘踞于此的平氏势力，获得了这次斗争的胜利。

1185 年，战败的平氏家族和安德天皇走投无路，全部沉海自尽。第二次大规模交锋，源氏赢了。

有趣的是，源氏的获胜虽然是后白河法皇所希望看到的，但他并不希望源氏成为下一个平氏。所以他积极鼓动源氏内乱，当看到源赖朝因为弟弟源义经的才华和军事实力而感到警惕时，就挑拨这二人的关系，暗中煽动他们自相残杀，企图渔翁得利。

但是已经晚了，1189 年，源赖朝灭掉最后一个反对者奥州藤原氏之后，真正成为统领全国的新领导者，也成为结束平安时代、开启幕府时代的那个人。这里不得不说，他所逼迫而死的弟弟源义经，也是个才华横溢、每战必胜的军事奇才，但却因为兄长的猜忌最终凄惨而亡，实在令人嗟叹，权势斗争之中是容不下英雄的。

第二章 从武士精神说起

武士时代·幕府登场

从大和时代开始，一直到平安时代后期，一直是贵族的表演。“贵族”这个头衔，是一切升官发财、迎娶白富美、走上人生巅峰的前提。如果你不是贵族，就算是天皇的后裔、有着高贵的血脉，一样会落入凡尘。但是，平安时代末的武士阶层崛起，让贵族们重新认识到群体的能力与地位。曾经低入尘埃的武士，终于登上历史舞台，在时代的发展中享有举足轻重的地位。

贵族所向往的奢靡颓废的生活，不被武士的精神所接受，武士阶层有自己的信仰，他们向往“忠君节义、廉耻勇武”，这一精神也在之后久久地影响着整个日本民族，直到现在还有深刻烙印。不管怎么样，武士精神的出现和武士阶层的上位，总算是打破了多年不变的阶级界限，让人们意识到平民也能翻身做主人了！日本的历史进入了一个新的阶段。

人们普遍认为，镰仓幕府时期应该从1185年左右开始算起，当源赖朝在讨伐平氏的战役中获胜之后，就标志着源赖朝领导的镰仓幕府开始建立了。天皇尚抱着从源赖朝手中夺走权力的梦想，殊不知他的确是解决了贵族的隐患，却将和子孙后代一起长期受到幕府武士阶层的“压迫”，实在是个可怜人啊！

在讨伐平氏的战役中获胜之后，源赖朝就在镰仓开始建设属于自己的班子，即镰仓幕府的雏形。这个幕府班子以“御家人”制度为中心，也是幕府的权力来源。“御家人”的另一个较为简单明了的名字，就是“家臣”，也就是源赖朝领导下的武士家族。正是这些武士力量，让源赖朝有了权倾日本的底气，所以御家人制度自然是应该重点关注的。这些家臣原本可能身份不一，有的是地方上的领主，还有的是名主，也就是土地大小不等的庄园主，但都有自己的土地，所以为了获得他们的效忠，源赖朝也知道要给予一些精神奖励之外的东西，那就是明确了御家人“私领本宅”的权利，即可以像以前一样保有自己的土地所有权。除此之外，只要是能够建立功勋的，土地还能继续多给，按照功劳来算。

这样一来，不管是从物质上还是精神上，他的家臣还能不死命效忠吗？所以，源赖朝深受武士的爱戴，当初天皇试图挑拨人攻打源赖朝，武士阶层响应者寥寥，谁都不愿意出兵，可见他的威信。

源赖朝保障家臣的土地所有权，在战时家臣就得为他出生入死，平时则要自带干粮和工资，轮流去幕府进行守卫工作，也算是互相付出了。而统帅家臣的地方，也就是镰仓幕府的所在地，设有专门处理行政事务的“公文所”，长官被称为“别当”；专门进行司法审查，对武士家族之间的矛盾提供法律援助的“问注所”，长官被称为“执事”。除此之外，还有负责护卫京都或者幕府，进行安保工作的“守护”，守护也可以统帅在京都或者幕府附近的家臣。还有负责收税收粮的“地头”，专门管辖纳税问题。如此一来，这个幕府机构完全可以视作一个较为完整的中央机构了。

所以，幕府的将军虽然名义上不是皇帝，却有着与皇帝一样的权力，相比之下天皇更像是一个“吉祥物”和“代言人”。所以，幕府的时代几乎就是幕府将军的家族传承时代，统治国家的政权力量不在天皇朝廷手中，而在幕府机构这里。尤其是“地头”和“守护”，分别掌管着全国的土地税收和军事力量，是维持幕府在全国各地统治的最重要支柱——很简单，这两样就是当地基本的政府力量了，剩下的只需要庄园主自治即可。

若不是因为天皇在精神上对人民有无可取代的地方，恐怕日本天皇早就在改朝换代的过程中被抛弃了，而幕府将军也早就名正言顺登基。就是因为这个问题无法解决，所以在之后的日子里，也让幕府政权和天皇朝廷之间屡屡产生摩擦，导致动荡不断。

又一次外戚干政·源氏断绝

虽然镰仓幕府创立，标志着统治日本几百年的幕府时代的到来，但并不意味着镰仓幕府和源氏家族就也跟着享受到了好处。事实上，源氏这一武士当中数一数二的顶尖家族，实在是命运多舛。

曾经因为叛乱不成，源氏几乎被平氏灭族，好歹留下了源赖朝这一脉，还是相当有出息的。眼看着创立了幕府、掌管了权力，似乎迎来了源氏的巅峰，结果又是峰回路转，源氏这一次干脆断绝了，再也没有重来的机会。

源赖朝去世后，他 18 岁的儿子源赖家继任成为下一任幕府将军。源赖朝 13 岁流亡时，就已经展现了自己的谋略与聪慧，后联合岳父北条时政重回政治中心。但是源赖家显然不如他的父亲，虽然一样弓马娴熟，是个好武士，可政治谋略不足，威信也比不上亲爹，只有说一不二、堪称独断专行的性格有过之而无不及。

这父子二人都习惯重用自己妻子的家族。源赖朝时期，北条家族处于权力中心，自然拥戴他，但是巧了，源赖家也想重用妻族，就只能从外祖家族那里夺回权力。可以想见，源赖家也知道这些老臣不会心服口服地臣服于自己，所以干脆想弃之不用，培养自己的班子。想得不错，但是做起来太难了，就连他的母亲北条政子都不愿意站在他这一边——反正源赖家还有一个亲弟弟源实朝呢！

在日本古代，女性即便出嫁了也是心想着娘家的，这也是为什么外戚干政、联姻如此风行的原因。镰仓幕府的这一场争斗，既是源赖家作为新将军的“三把火”，也是一次新旧外戚之间的竞争。

北条政子不仅没有支持自己的亲儿子，反而主持进行了十三元老协议，剥夺了源赖家的权力。1203 年，源赖家的岳父一家被灭、长子死，弟弟源实朝成为第三任幕府将军，而北条时政再次成为实际意义上的领导者。第二年，源赖家就被暗杀了。

源赖家的几个儿子，先后在这场争斗当中被暗杀或被迫出家，而女儿也在多年后难产而亡，因此源赖家一脉在这场冲突中断绝，能不能延续镰仓幕府，就得看源实朝了。

北条时政暗杀了自己的亲外孙，也触及了北条政子的底线，她作为一位相当有影响力的幕府女主人，甚至要求父亲隐退，让兄弟北条义时掌权。此时，源实朝已经长大成人，不仅愿意参与到幕府的政治中，还是个与朝廷关系很好的幕府将军。这个年轻人喜欢与朝廷有关的公家文化，与天皇之间也没有特别深刻的矛盾，毕竟现在权柄已经全部掌握在源氏幕府手中，或者说是北条家族手里了。

1219 年，源实朝即将就任右大臣，看似这位幕府将军即将像他的父亲一样，延续镰仓幕府的统治，然而意外就是这样猝不及防。已经被暗杀的源赖家一脉，还有一个儿子源公晓活着，他假装退隐出家，实则一直策划着复仇，在这场仪式上击杀了源实朝。刺杀之后，源公晓也被杀了，而源实朝并没有留下后代，这标志着源氏家族的传承因为内乱、外戚之间的争斗而彻底断绝。

之后，幕府将军就成为一个虚设头衔，由源氏家族的远亲、藤原家族的幼子接任，真正掌控者则是北条家族。北条家族大概是外戚做得最成功的一家，不仅抢到了权力，还干脆干掉了自己的亲家，古往今来也算是少见了。

乘虚而入的倒霉天皇

镰仓幕府上演的这一场外戚干政、自相残杀导致源氏断绝的大戏，对于坐山观虎斗的天皇朝廷来说，无疑是一次难得的机会。乘虚而入，自然就是要趁敌人虚弱的时候抓住机会，才有可能取得以弱胜强的翻盘胜利。所以本来就有一定野心的后鸟羽上皇，就开始借镰仓幕府内乱的机会，试图恢复朝廷的统治。当然，在镰仓幕府近乎统一了日本的情况下，恢复朝廷统治的目标太过远大，但天皇可以借助地位的特殊性，先加强朝廷的经济实力，进而影响政权更迭。所以 1198 年，后鸟羽上皇继续了院政时代的特点，以上皇的身份插手朝政，希望通过皇室御赐土地的方式，用实实在在的利益吸引京都附近的武士家族。

后鸟羽上皇之所以可以如此做，就是因为拥有足够影响力、在武士家族当中有着极高威信的源赖朝已经去世，镰仓幕府中源氏的血脉断绝。这些必然导致一些忠于源氏的家族对北条家族产生不满。事实的确如此，北条家族在武士当中的威信显然不如源氏，而且其主导的这一场动乱已经让很多源氏家臣感到不满了。

后来，源氏断绝之后，北条家族请求上皇允许皇子来做幕府将军。这一请求看似是给了皇室掌控幕府的机会，实际上是将皇室的地位推入另一个尴尬阶段。首先，皇子作为幕府将军属于“空降”，手下没有足够的家臣，实际的领导者还是北条家族；其次，如果皇子进入幕府，成为将军，不仅相当于给北条家族送来了一个质子，也让幕府在干预朝政、操控政权方面更加名正言顺，这都不利于天皇的统治。所以后鸟羽上皇在面临这个绝佳的机会时，又怎么会主动将优势转为劣势呢？他不仅没有同意让皇子成为幕府将军，还在 1221 年颁布了讨伐诏令，试图讨伐北条家族，推翻幕府的统治。但是说实话，这次诏令的颁发令后鸟羽上皇非常尴尬，因为不满北条家族的武士有很多，但是响应他的人却寥寥。很简单，虽然北条家族所代表的幕府因为某些原因激起了武士们的不满，但怎么看幕府也是代表武士阶层利益的。正是因为幕府政权的出现，才让武士阶层的地位越来越高，所以这些掌控着军事力量的武士家族，又怎么会弃幕府而转投到天皇门下呢?

而且，源赖朝虽然去世，他的妻子北条政子依然在幕府中有极高的威信，这一点从北条政子召开元老议会，废除了源赖家的地位，以及后来反对自己的父亲北条时政，导致其隐退都能看出。所以北条政子进行了一番战前鼓动，原本人心有些涣散的家臣就立刻又聚集到了幕府周围，正式与前来讨伐的朝廷军队开战。

所以说后鸟羽上皇实在是有些倒霉，这倒霉的第一处就是没有摸清楚武士家族的心思。幕府军队召集了多达 19 万人，而朝廷的军队只有万余人，这个差异即便是名将在世，也很难达成以少胜多、颠覆幕府的成就，所以不到一个月的时间，幕府军就大胜。

后鸟羽上皇的第二个倒霉处，就是没有意识到幕府掌权者的狠心和决断。幕府打败了朝廷军队之后，即刻便在京都拥立了新的天皇。说实话，这已经是老生常谈了，只要是政治角力下落败，天皇就一定要换人来做。但这并未让后鸟羽上皇等三位上皇感到担忧，因为日本有史以来还没有天皇被处罚的事情发生。哪怕是争权夺利到了白热化的程度，作为日本精神领袖和“吉祥物”的天皇，也必然可以保得一命，最多就是失去自由，根本不可能有明面上的处罚。

除此之外，也没有贵族在战乱之后被处死的先例。在战时，生死有命，这是不可控制的。但是当胜负已分后，即便是战败的贵族，也不必担心自己会被公开处决，最多就是有被暗杀的风险而已。但是，这次后鸟羽上皇他们可是踢到铁板了。幕府领导下的武士阶层，与过去的贵族所秉持的观念截然不同，所以做事的底线也超乎意料。后鸟羽上皇与其他两位上皇直接被流放，其他在这场争斗中战败的贵族和武士，并没有因为争斗结束而迎来平静，是都被处死了。

这是一次颠覆人们过去意识的处罚，在当时一定引起了人们关于“人权”的讨论。和贵族们强调优雅仪态的生活态度不同，幕府政权是以这样赤裸裸的胜败和鲜血来奠定自己的统治，所以也毫不客气将其用在了天皇和贵族身上。

所以说，后鸟羽上皇既是幸运的又是不幸的，幸运地抓住了镰仓幕府的动乱时期，又不幸地错误估计了对方的底线。这一场失败的争斗被称为“承久之乱”，天皇不仅没有如愿推翻幕府的统治，反而让幕府加强了对天皇朝廷的忌惮，实在是偷鸡不成蚀把米。从此朝廷不能够再拥有军队，从根本上断绝了天皇影响幕府的机会，就连皇位继承人的选择也成为幕府的权力。

压在皇位上的幕府大山

后鸟羽上皇所引发的这一场不成功的倒幕行动，让天皇的处境变得雪上加霜。北条义时以及北条政子去世之后，幕府的新任掌权者是北条泰时。这位掌权者对幕府政权的模式进行了一番改革，改进了当时出现的一些弊端，让这个政权的统治变得更加成熟，也让幕府政权对天皇朝廷的影响力和压制更深了。可以说，经过这次改革之后，幕府的大山已经牢牢压在了皇位传承之上，除非等他们作死，天皇的选择权就永远都不在自己手里。

除了这一点，曾经被后鸟羽上皇坚决拒绝的建议，也顺利开始实施了——立皇室出身的皇子为幕府将军。在北条家族完全掌控下的幕府里，将军的名头不过是一个虚名罢了。所以皇子成为幕府将军，对于已经有了无上虚名的皇室来说，不过是锦上添花而已，没有实际的好处，反而间接地让幕府的存在变得名正言顺，更难找到倒幕的借口了。

除此之外，让皇室担任幕府将军，对北条家族还有一个好处。自从源氏家族断绝之后，幕府将军的名头几乎空设，最终不得不选了源氏家族的某个远亲——藤原氏的后人。藤原氏成了幕府将军，哪怕只是名义上的存在，也具有无可取代的感召力，所以藤原家族难免在幕府当中更进一步了。现在北条泰时宣告，以后的幕府将军都只能从皇室当中选取，直接断绝了藤原家族借助幕府将军的名头再进一步的想法，顺利将他们赶出了中枢。

可以说，后天羽上皇曾经的颠覆幕府的希望，在当时看来是完全破灭了。想要让幕府顺利倒台，除了期待他们自己作死，让这座大厦从内部开始坍塌之外，似乎别无他法。

而北条泰时的改革就是先于对手一步，自己解决了幕府内部的隐患。首先，过去的幕府，权力往往掌控在某一位领导者手中，不管是源赖朝，还是北条时政，乃至隐在背后的北条政子，全都是威望甚深、大权独握的存在。这些创立幕府的元老已经逐渐去世，幕府的规模却在不断扩大，影响力越来越大，显然不可能再走专权独断的路线。所以，北条泰时主动做出了一个下放权力的行为，在 1125 年设立了联署，作为幕府将军的副手。除此之外，还会从家臣当中选举出 11 个具有威望并明辨政事的人，组成一个叫“评定众”的组织，在重大行政事务当中参与表决。

北条泰时在改革上的眼光非常现代化。如果将幕府看成是一个公司，在改革之后，幕府将军就是这家公司的董事长兼总经理。除此之外，他可能会选择一个跟自己关系好，或者是有亲缘关系的人成为副总经理。日常的公司管理和事务处理，最后汇总起来都归总经理和副总经理处理。但总会遇到一些关系到整个集团发展的大事，此时就得召开董事会，让 11 位董事参与这场表决。

如同现代公司管理制度一样的幕府改革，不仅重新规划了幕府的政治体制，还详细制定了一系列的行政或司法规则。幕府所统率的武士集团，根据级别不同，需要严格遵守自己的职责，同时还要受到“职业道德”的约束，不能做知法犯法或者贪赃枉法的事情。

一个既强调管理又强调企业文化建设的公司，怎么看都不是处于日薄西山的境况。与这样的公司有所类似的幕府，也正是在改革之后逐渐走上正轨。至于天皇？谁会在乎他处于什么位置呢，只要乖乖做“吉祥物”就好了。

这一系列改革，进一步将天皇与皇室排除出了中心之外。幕府的大山牢牢压在日本皇室的头顶上，也不知何时才能够摆脱。

武士翻身做领主

在镰仓时代之前，日本的大权掌握在少数贵族手中，其余阶层不管是稍有权力和财产的地主，还是那些没有继承贵族身份的贵族后裔，都只是稍好于良民，完全没有任何权力可言。所以，就算是天皇的亲戚也一样，只要没有得到认可的贵族身份，在朝廷眼里，那就什么都不算，更别说获得来自官方授予的权力了。

而进入镰仓时代，“武士翻身做主人”的情况变得普遍起来，统领日本的政府机构是由上层武士家族构成的镰仓幕府，所以在地方上，武士也开始成为各级的领主，统领一片土地。

土地，那是封建时代财富和地位的象征，以前只有贵族才能成为领主一级的存在，而武士多半是负责警卫的武力提供者，换言之，贵族是有固定资产的，武士主要依靠的是劳动力。但是幕府上台之后，格外喜欢任用武士作为官员。被称为“御家人”的武士家族，就是各个大武士家族所属的家臣，比如源氏家族、北条氏家族的“御家人”。当北条家族统领镰仓幕府时，北条氏所领导的家臣就成了地头，管理土地事务。

地头是从中央到地方上一个专门管理土地的官职，很重要，但也意味着不可能人人都当。所以，只有家臣武士这样的一家人，才会被上位者任命如此重要的任务。既然有亲有疏，自然还有“非御家人”，也就是不是家臣的武士。这样的武士可以做什么呢？这些武士地位往往较低，就是小领主，经常被任命为庄园的管理者，即地头下属的官员，管理庄园内的农民以及下人，总的来说，有点像中国古代家族的庄头。

变身为领主，有了管理权的武士，总算是从被领导者逐渐走上了领导者的位置，他们的家族特色也非常鲜明。武士家族重视子女，并非只有长子或者男子才拥有继承权，而是所有子女均有，即便分家之后也不会独立，而是围绕在本家周围，形成越来越大的家族。在这种情况下，族长的权力是很大的，他们被称为“惣领”，平时负责指挥家族内部工作，以及安排、选拔子弟去幕府所在的地方执勤——别忘了，武士家族本来就是从保镖发家的，义务执勤巡逻也是他们的工作。到了战时，各个家族更是会根据族长的指挥作战，所以族长必须要是“上能骑马、下能务农”的全才，才能引导一个家族繁荣昌盛。

有趣的是，武士家族的女性地位相对是比较高的，虽然平时不用舞刀弄剑，一样可以成为家族的地头或者是御家人，即便是结婚了也可以保留自己的姓氏。比如源赖朝的妻子北条政子，就是一个能左右政局的强大女性。也正是因为家族对女性的看重，所以这些武士家族的女儿们即便出嫁了，也多半是心向着自己家族的。

而进入室町幕府和日本战国时期，女性的地位就开始逐渐下降。因为战乱不断，女性往往成为家族的财产和棋子，用于联姻或者充当细作，总之地位就再不如以前了。

武士地位逐渐升高，武士精神也就伴随着武士影响力的提升，渐渐成为影响整个民族的精神。从此开始，大和民族源远流长的“武士道精神”开始深入发展。

名为抵抗，实则专制

在日本历史上，总是少不了中国各朝代的影子。强大、富饶、进步而且幅员辽阔的中国各朝代，一直是日本学习追赶的对象，也一直是日本暗暗较劲的对象。

不过，元朝之前日本虽然和中国有着密切的交流，却很少有直接冲突和战争，即便有多半也是在朝鲜半岛。在幕府时代，元朝对日本的攻伐可谓是历史上非常少见的在日本本土出现的外来战争。

忽必烈领导下的元朝建立后，从 1268 年开始，曾经三次派遣使者前往日本，中心思想就是一个——你，小国，朝贡！但是幕府政权没有当一回事，一方面忽必烈还在和南宋掰腕子，他们认为一时半会儿不会危及日本；另一方面，镰仓幕府跟南宋有一定联系，他们更敬仰南宋。同时日本是个岛国，从没有出现过中国军队打到日本的情况，所以幕府政权很是有恃无恐，大不了不联系，关起门来过日子嘛！

没想到，忽必烈的军力不仅强悍，脾气也很直接，一方面跟南宋继续胶着；另一方面，元军乘船前往日本，直接在日本本土开战。镰仓幕府也不虚，本土作战有优势，所以两家打了个胜负难分，最后幕府军队凭借武士的彪悍和本土作战的优势，总算是将远道而来的元军打退。

不管什么原因，能够与当时驰骋亚欧大陆的蒙古铁骑一战，还赢了，幕府武士的力量还是值得肯定的。但是本土作战依旧让幕府元气大伤，在这个抵抗的过程中，幕府开始实施彻底的专制制度。

这一专制制度更多的是以抵抗侵略为借口，进一步扩大北条家族的权力。当初北条泰时的改革让幕府进入繁荣发展的阶段，可见北条泰时的远见。只有足够强大、实力雄厚，才有自信和别人公平竞争，当北条家族面临的内忧外患加剧，他们对权力就抓得更紧了。在北条时赖的执政时期，北条家族已经将协商制丢到了脑后，也就是说幕府的“董事会”名存实亡，大多数政策都是家族内部商量一下直接决定。到 1268 年，以“我们要防御蒙古人的入侵”为借口，北条家族更是名正言顺地将其他家族踢出“评定众”这个董事会，全部安插上了自己人。除此之外，负责军事安保工作的“守护”一职，也逐渐都成为熟悉的“北条”姓氏。到了镰仓幕府末期，将近 40 位守护都来自于北条家族。

说实话，这实在是非常没有政治远见的一种做法，北条泰时的做法看似将北条家族的权力分了出去，实则得到了众多势力的拥戴，让北条家族的位子更稳。而这种排挤其他家族、任人唯亲的做法，则是将蛋糕全留给自己，一点不给别人，就是在满世界树敌啊！

如果后鸟羽上皇能活到此时，再振臂一呼颠覆镰仓幕府，说不定就能获得不少拥戴了，至少当时已经有很多御家人对幕府产生不满。归根到底，土地、财产和官职都是有限的，以前大家都奉行武士的规则，只要有战功就可以拿钱拿物，现在你说不行了，就算有功劳，没有关系也拿不到奖赏，谁还愿意给你拼命呢？

一时间，许多身为地头的御家人干脆跟顶头上司，也就是各级领主闹翻了，一边不交税，一边拼命往自己的家族“划拉”土地，直接造成了幕府的内讧。而且他们也知道，这只是一时之计，所以更要在有限时间里捞够本，民不聊生，很多沦落为强盗劫匪，在当时这是非常普遍的事。

打完仗之后没有了外患，倒有了内忧，这一问题大概是谁也没想到的。由此可见，镰仓幕府的巅峰时期已经过去了，很快就会迎来衰落。

被泄密坑害的天皇

后鸟羽上皇曾经策划的那一场倒幕行动，被称为“承久之乱”，这之后虽然还是院政政治，由上皇来统领整个朝廷，但是权力已经全交到了幕府手中——就连上皇和天皇的位子谁来坐都是幕府决定，或者说是北条家族决定，这天皇当得还有什么意思？

还别说，天皇家族自己觉得是很有意思，所以在争夺皇位继承权的过程中，逐渐白热化并分为两派，分别是持明院系和大觉寺系。持明院与大觉寺分别是不同上皇出家的地方，主要围绕这两派意见不同的上皇而衍生出了派系。

天皇家族的内部斗争非常激烈，虽然在大权在握的幕府看来，并没什么影响。但看着他们斗争得这么认真，幕府有些招架不住了，于是 1317 年，幕府主动插手劝告，给出了一个相对完美的解决办法——你们轮流来坐天皇位，谁也不吃亏，至于这浑水幕府是不蹚了。

于是，又一位像后鸟羽上皇一样有远大理想的天皇——后醍醐天皇登位了。这位天皇与老前辈后鸟羽上皇应该很有共同语言，因为深受朱子理学的影响，特别期盼能恢复天皇集权的制度。

说实话，儒家思想对君王的尊崇，在日本颇为不适用。因为在中国各朝代，天下唯有德者居之，所以皇室本身也是政权的代表，是全天下最有权力的一派。当皇室的地位旁落、权力不再时，很简单——那就改朝换代，换一个皇室呗！

但是日本各朝则不同，天皇是一个至高的精神领袖，与其说是领导者，更像是已经被推上神位的泥胎塑像。只能说天皇的老祖宗这一番营销做得太好，所以不管朝代如何更迭、大权如何旁落，天皇一系都是在的。在镰仓幕府时期，按理说早就应该推选北条家族当皇帝、代代相传了，毕竟他们家领导的政府已经是最权威的政权，但就是因为天皇的特殊性，所以天皇家族还依然存在。在这种情况下，天皇被架空的程度可比中国各朝代的皇室要严重得多，所以后醍醐天皇的想法是很好的，实施起来太难。

到底有多难呢？就连后醍醐天皇想要秘密实施一些倒幕的小活动，都得像做贼造反一样，而且实施几次就有几次泄密，可见就连天皇身边也已经像个筛子一样，毫无秘密可言，而且可靠的盟友实在是太少了。

比如 1324 年，后醍醐天皇筹谋多年，借助幕府这几年执政不力、从上到下怨声载道的机会，想要发动袭击刺杀事件——多么熟悉的场景，乘虚而入试图打倒幕府，这就是后鸟羽上皇曾经做的呀！结果也很熟悉，后醍醐天皇的计划很快泄露了，跟他一齐图谋大事的忠臣一个不落全都被抓起来，而他自己倒是逃过一劫，这就是“正中之变”。

逃过一劫之后，后醍醐天皇虽然名义上没什么影响，毕竟是尊贵的天皇嘛，但实际上就不太自由了。这并没有让他死心，1331 年，他派出自己的两个儿子，领导寺庙的僧兵，再一次想要发动一场暴动，可还是泄密了。

两次泄密，让天皇的计划功亏一篑，最后他不得不逃亡，但还是被流放了，这被称为“元弘之变”。这位天皇的情况跟后鸟羽上皇还不同，后鸟羽上皇的倒幕活动，在幕府威望鼎盛的时候开始，自然没什么响应者，但是后醍醐天皇却找到了机会。当时幕府正在走下坡路，不仅下层武士纷纷不满，就连农民也揭竿起义，一些流民组成的强盗聚集起来，又被称为“恶党”。后醍醐天皇的行动虽然泄露了，压根没来得及实施，但依然有“恶党”组织愿意响应，可见人心已经不在幕府这里了。所以，天皇卷土重来，已经不再是不可见的事。

天皇的逆袭

是什么给了后醍醐天皇一个乘虚而入、打倒幕府的机会呢？幕府为什么再一次衰落？

在 13 世纪后期，因为抵抗蒙古军队，幕府已经从原本的“开放和谐”变成了专制统治，权力逐渐收归北条家族手中。他们对待御家人和其他武士家族的态度，几乎等同于“又要马儿跑，又要马儿不吃草”，既不给予足够的赏赐而且任人唯亲，又要这些家族臣服并忠心，就算武士道精神将“忠”放在第一位，也不可能做到这些呀！

所以，当时的幕府已经开始衰落，下面诸多小家族、武士和底层农民，已经不听话了。到了 14 世纪以后，这种情况更严重，当时执政的北条高时特别爱玩，是个热衷看歌舞剧和斗狗赌博的享受型少年，根本不爱掺和那些“俗气”的权力争斗和政治活动，直接导致权力落到了家臣手中。当时执掌大权的家臣是长崎高资，这位家臣的忠心程度不可考证，不过倒是非常爱财，而且特别能坑自己的上司。

1322 年，奥州的两家豪族因为土地的事产生了争议，按理说这些都要上报幕府并由专门的官员审判，于是就交给长崎高资处理。如果幕府领导者愿意管理政事，就知道这些事需要重视。但是长崎高资可不是正经的幕府领导者，他眼里只有钱，不仅收了贿赂，还两边都收了。为了把两份钱都收下，他只能长时间不表态，就这样拖着。拖来拖去，其中一家豪族安东家族急了，干脆反了北条家族，准备自己出头解决问题。

叛乱被镇压了，但是口实留给了所有人，人们对于幕府的信任度开始降低，对于安东家族的情况，则感到唇亡齿寒。后醍醐天皇选取的密谋时间，就在这事之后。

因此，尽管天皇被流放了，但是各地对幕府怨声载道的批判并没有停下，反幕府运动接连不断，尤其是底层人民出身的“恶党”。所以，后醍醐天皇被流放了，并不是一件坏事，反而获得了自由活动的机会。

这位天皇从流放的地方偷偷逃出，也找到了许多支持自己的武士，准备再来一次倒幕活动。幕府倒是没当回事，本来也的确能轻松镇压，没想到派去镇压的人却临阵倒戈，成为天皇的人。

原来，当时去镇压后醍醐天皇的足利高氏，曾经是源氏的血亲，所以跟北条家族也有复杂的血缘关系和密切联系，在幕府当中地位比较高。但是足利高氏早就因为北条家族的种种行为感到不满，所以一不做二不休，干脆趁平叛的机会跟后醍醐天皇暗中勾搭到一起，表明忠心之后，直接带着手下的武士杀向了北条家族。加上当地“恶党”的支持，北条家族领导下的镰仓幕府就这样惨败，北条家族全族 800 多人都自尽而亡。

曾权倾一时的北条家族，没有吸取前人的教训，还是走上了刚愎自用、任人唯亲并到处树敌的路，最后被盟友所背叛，也是可以想象的。

后醍醐天皇虽然遭到了泄密、流放，但也抓住了难得的机会，终于实现了自己的理想，回到权力中心。这一次，天皇实现了他的逆袭。

短暂的建武中兴

后醍醐天皇的即位，对于日本皇室来说是有非凡意义的。自从镰仓幕府成立之后，原本属于王室的大权旁落于源氏、北条氏之手，幕府的存在就像是压在皇室头顶上的一座大山，不管想不想将其掀翻，都不可能做到。没有野心和想法的天皇，尚且可以蝇营狗苟、混沌度日，而任何一个意识到自己毫无权力只是个傀儡的天皇，都不能容忍，却也只能接受这种状态。

在这种情况下，后醍醐天皇通过敏锐的判断和持久的战斗能力，最终成为和幕府斗争中的胜利者，这是一个多么可喜的成绩！

也正是因为权力重新拿回手中是如此不易，所以后醍醐天皇十分重视。他即位之后，改年号为建武，立即实施了新政改革，对中央的权力分配有了一个新的安排，后世将其称为“建武新政”。

建武新政的内容主要围绕着天皇的权力展开，所有的文字都在诠释一个内容——天皇集权。也许是因为后醍醐天皇半生都在渴求权力，所以当他真正拥有了的时候，就表现得格外小心谨慎，不愿意将其分给任何人，哪怕是曾经的盟友也得不到他的信任。

当然，重新拿回权力的时候，的确需要磨合一段时间才能坐稳这个位子，但天皇这种二话不说独揽大权的行为还是太过激进了，一不小心就容易引发别人的抗拒以及反对。至少，天皇将自己的盟友排除在外，已经让他们感到不满。打仗的时候让别人冲在前面，到了吃蛋糕的时候却把他们都推开，除了对天皇忠心耿耿的下属之外，别人难免小心思不断。

不知道是天皇曾经的经历所致，还是性格如此，他对权力的执着已经到了一种极端的情况。就连自己的儿子护良亲王，因为担任大将军一职，有威胁天皇地位的嫌疑，都受到排挤，天皇甚至间接杀害了自己的儿子。

曾经跟着天皇一起反叛的武士势力，也在这一刻感到了不满和后悔。

因为天皇的朝廷希望恢复的是平安时代的贵族统治，而不是跟拥戴他上位的武士们共同享受成果。比如曾经主动倒幕、拥戴天皇的足利高氏，虽然得到了天皇的赐姓，被称为足利尊氏，但在实质上并没有得到他的重用，反而被天皇各种冷落。也许在前半生的斗争中，天皇始终站在武士的对立面，所以一旦登上最高位，就让他内心的这种倾向完全暴露，但治国显然不能够凭借自己的私心，所以天皇的这一亲疏有别，直接导致他握在手里的胜利果实将很快失去。事实的确如此，后醍醐天皇所实施的新政延续没有超过三年就以失败而告终。

一分为二·日本的南北朝对立

虽然北条家族已经几近断绝，但一个时代的颠覆又怎么可能如此简单，所以在天皇登基之后，北条家族的某个旁支北条时行起兵造反。曾经参与过倒幕活动的主力干将足利尊氏知道了，自然第一个想要打压他，虽然天皇对足利尊氏也不甚重用，可北条家族是他们共同的敌人。既然已经将北条家族彻底得罪了，自然不能等着他们坐大。

所以，足利尊氏主动要求东征，但他有一个条件——要成为“征夷大将军”。大将军的称号并非只是一个虚名，在镰仓幕府时代，幕府将军就是整个政府的领导者，也是实际意义上这个王朝的尊主，所以足利尊氏想成为征夷大将军，足见他的野心。我们完全可以猜测，足利尊氏是想借助这一机会夺取兵权，成为另一位新的幕府将军。

对此，天皇当然是不同意。足利尊氏知道之后，发现曾经的老大现在对自己有点意见，于是干脆准备自立门户，不跟天皇一块儿干了。他先是擅自出征，灭了搞事情的北条时行，然后就大旗一竖，宣告反叛朝廷。帮助天皇重新夺回权力的第一功臣，就这样和天皇势不两立了。

后醍醐天皇先后派了两拨人去剿灭足利尊氏，第一次没有成功，第二次倒是成功了，但是足利尊氏虽然被打败，却并没有真正意义上失败。天皇排挤武士、重用贵族的心昭然若揭，拥有军事力量的武士家族心里当然更倾向于足利尊氏而不是天皇，所以他们在足利尊氏流落九州地区的时候，总是明里暗里支持帮助他。最后足利尊氏重新杀回京都，打败曾经和他一起帮助天皇的“恶党”首领楠木正成，重新夺取了权力。

这里我们就不得不说一说楠木正成了。他一直是反对北条氏统治的中坚力量，曾经是社会底层的武士，后来也是后醍醐天皇的第一个拥戴者，就算后醍醐天皇被流放也一直支持他。这是一个真正的忠臣，在后世也被广为称赞。

足利尊氏一杀回来，就立刻废了后醍醐天皇，选择了另一派持明院系的光明天皇。扶持了光明天皇之后，他颁布了新的执政方针，具体内容不必多表，自然是有利于武士阶层的。而他曾经心心念念的“征夷大将军”称号也终于得到。

不过后醍醐天皇的战斗力可是不容小觑的，当年他能够在北条家族的重压之下从流放地逃出，这一次也一样从京都逃了出去，在京都南部组成了另外一个朝廷。如此一来，就形成了一个特殊的日本南北朝对峙局面。

这场南北朝对峙，实力其实非常悬殊。后醍醐天皇之所以能够成功，是因为身边有一直支持他的大将，然而在后期的争斗中，这些人相继战死，后醍醐天皇也去世了。按理说在这种情况下，南朝早就应该被北朝所统一，但令人意外的是，他们又成功延续了四代，堪称是“你看我快死了，我就是不死”的小强精神。

南北朝对峙的背后，又是一场血泪悲歌，之所以能够在最后苟延残喘，是因为足利尊氏新建立的室町幕府内部不平稳、争权夺利而造成的一种暂时平衡。可叹南朝朝廷的运转，靠的竟然不是自己的实力，而是北朝内部的内斗。

原来，足利尊氏在建立新幕府之后，就执掌军事大权，成为真正的最高统治者——至于新推举的天皇，当然又是一个高高挂起的傀儡了。而他的弟弟足利直义则负责新朝廷的政务管理。两者本来是相辅相成、合作共赢的关系，但只要是两个不同的个体，就一定会出现差异，如果是在从政理念上出现异议，问题就大了。由于足利尊氏大权在握，不仅推翻了前幕府，又在与天皇的争斗中胜利，所以他压根儿不把传统权威看在眼里，着急地想要建设一个由室町幕府、足利家族所统治的全国政权。只有这样，他才能够真正安心地掌握大局。

跟自己哥哥这种激进派不一样，足力直义属于稳健派，虽然他与足利尊氏抱着一样的目标，但是主张的是“饭要一口一口吃，路要一步一步走”这种循序渐进的发展方式，在尊重权威的前提下，逐渐实现融合和统一。两个人是你说服不了我，我也劝服不了你，激进派和稳健派之间的矛盾终于越来越大，最后干脆产生了全国性的动乱和冲突。这种谁也无法向另一个人低头的状态，让两者都急需拉拢盟友，所以开始了轮流与南朝间的合作。

也就是说，北朝的权力事实上一分为二，虽然表面上看是南北对峙，实则是三足鼎立。最开始是在 1350 年，北朝军队攻打南朝，足力直义和足利尊氏产生了不可掩饰的矛盾。为了防止自己的哥哥在灭掉南朝后转过来对付自己，足利直义干脆转向南朝，在合作之后，先打败了北朝军队，然后再谈兄弟和好。

表面上两兄弟是和好了，但实际上足利尊氏心里恨得不行，所以他也选择了跟南朝合作，先得到了南朝天皇的支持，然后再灭了足利直义。

夹缝中求生存的南朝天皇，也只能靠着做两面派和墙头草，来为自己争取一些机会了。然而这样的时间终归是不长久的，当室町幕府进入第三代，将军足利义满终于解决了北朝内部的争端和问题，完成了当初足利尊氏和足利直义想要达成的目标。此时，南朝就已经没有存在的价值了。

1392 年，在足利义满的倡导和呼吁下，南北朝得到了统一。对于南朝的天皇来说，这就像是压在自己脖子上的刀突然落下一样，不仅不痛苦，反而是一种解脱。尤其是足利义满并没有采取强硬的措施，所以南朝天皇对于南北统一表现得非常积极，不仅主动回到京都，还把当年逃走时带走的天皇神器又归还回来。从此之后，一分为二的日本南北朝状态就此结束了。

室町时代的新幕府

日本室町时代，真正的新幕府政权建立，应该是在足利义满呼吁下统一了南北朝之后。毕竟在这之前，北朝忙着内斗，南朝安居一隅，全国上下都因为足利尊氏两兄弟之间的相爱相杀而不得安宁。所以此时的政权只能算是一个临时政权，不能算是室町时代真正的幕府。

足利义满是一个非常有政治头脑的将军，在正式掌权之后，首先压制的就是拥有一定武士、僧侣的社寺势力。要知道当年后醍醐天皇推翻镰仓幕府的时候，也曾经借助过僧侣的力量，而在全国各地，掌管着各级军事力量的“守护”，也是比“地头”更需要警惕的存在。所以对于大守护的势力，足利义满是毫不犹豫地打压，试图杜绝其中再出现一个“足利家族”，重演镰仓幕府的历史。

在 1390 年到 1399 年之间，足利义满先后镇压了各地蠢蠢欲动的大守护势力，同时迎来了南北朝的统一。可以说在这之前，虽然足利尊氏已经得到了名义上的统一，但他领导下的幕府并未真正成为正统。毕竟在当时，足利家族也不过是守护当中较强的一个罢了。凭什么他们就可以建立新幕府，其他家族就没机会呢？所以人人都想在他们兄弟争权的过程中捡个便宜，自然心思都比较活络。

这些隐患都被足利义满消除了，所以从此时开始，室町幕府才开始了真正意义上的统治。

日本室町幕府的统治延续了 240 多年，这 240 多年间有十几位将军在任，只有在足利义满当政的时候，才迎来了和谐和稳定。所以足利义满能够做到这一点，不仅仅是承袭了前人的成果，也有他自己的威信和魅力在里面。为什么足利义满去世之后，室町幕府并没有维持这种稳定较长时间呢？

这个问题其实相当复杂，首先足利家族运气比较不好，在他们统治期间，正好是社会的转型期，过去曾经备受欢迎的庄园制开始逐渐瓦解。贵族、武士和下层人民的阶级矛盾在这种瓦解中愈演愈烈，彼此之间的阶级界限也越来越模糊。下层人民起义频繁，贵族和武士之间的矛盾也非常深。摇摆在这几股势力之间，实在是很难做到完美。

其次是因为室町幕府的统治基础中本来就有不稳定因素。为什么镰仓幕府时期，北条家族多次“作死”，但不管是天皇还是其他家族，都不能动摇他们的统治呢？很简单，因为镰仓幕府时期统治的基础是御家人制度，掌握着权力的，除了幕府将军外，还有他的家臣。各地的武士家族也一样，他们极其依靠家臣的力量。

在武士精神中，身为家臣，忠诚是第一位的。如果一个身为家臣的家族不够忠诚，反叛了自己的主家，就算获得了胜利，得到了短期的利益，也会被整个武士社会所排斥。就是这种观念构成了牢固的武士阶层，也让镰仓幕府的统治变得相当稳定。

室町幕府时期依靠的力量，可不是能呼来喝去的家臣，而是各地的守护。我们前面说过，在各地担任守护和地头的是“非御家人”，跟实际生产过程中负责的御家人不一样，之所以如此安排，是为了保证他们可以互相监督。御家人和主家受到室町幕府派遣的守护、地头的监督，就可以互相制衡。

室町幕府是在动乱之后仓促建立起来的，没有坚强的统治力量，所以只能在各地、各国委任守护，由守护实现自治。室町幕府时期，守护的力量就像是分封各国的诸侯，不仅继承了原有的职责，还可以自行处理土地内的纠纷、安排土地的分配与继承，以及对当地的诉讼案件进行审判。可以说军权、政权、司法权全部掌握在一地守护手中，这种诸侯分封一样的巨大权力，必然会导致幕府权力的衰落。

在镰仓幕府时期，守护更像是一个官职，是幕府派来的公职人员；室町幕府时期，守护变成了诸侯的代称，所管辖的土地变成了自己的封地，这种新的身份被称为“守护大名”。

幕府更像是一个由守护大名所组成的联合政府，一旦幕府没有一个强有力的领导人，立刻就可能出现争霸现象。

这种情况就像中国古代春秋战国时期一样，诸侯国名义上在周天子的领导下，实则各自争霸。所以室町幕府末期，守护大名之间的混战期又被称为“日本战国时期”。

下克上的时代·日本的战国时期

虽然说整个室町幕府时代都在动荡中度过，但真正开始混乱是从第八代将军足利义政开始的。这位将军完美展现了一个亡国之君的本质，每日沉迷于娱乐之中，就算是将权力往他手中推，他都嫌麻烦。连自己的本职工作都不能做好，导致足利义政的妻子日野富子渐渐掌握了权力。千万不要小看幕府时代的武士家族的女儿，她们可是和男子一样都拥有继承权的，一个个在政治领域根本不输自己的丈夫。

在继承权的问题上，足利义政和日野富子之间就出现了一些矛盾。在日本历史上，大多数的继承都是以兄终弟及为第一顺位的。我认为相当重要的原因是，古代人的寿命比较短，大多数日本人在四十几岁就可能迎来死亡，此时与其将位置传给年幼的儿子，不如让自己的弟弟继承，才能够保持家族始终具有威信。所以足利义政也是如此，将自己的弟弟当作下一任将军来培养。但对日野富子来说，丈夫的弟弟和自己的亲儿子间，当然是儿子成为继承人后对自己和家族最有利，所以她决定立自己的儿子为下一代将军。两个人产生了矛盾，进而影响了当时幕府的实权人物细川胜元、山名宗全，一场轰轰烈烈的站队大戏就这样开始了。站队之后就是明争暗斗，因为谁也不能将另一方彻底消灭，所以干脆形成了两个对峙的武装集团，并从冷战转到热战，在明面上开启了长达十多年的战事。

这被称作“应仁之乱”。应仁之乱，不仅仅是围绕幕府中心产生的战争，更波及了整个岛国，将近三分之二的地方守护大名参与到这场战争中来。应仁之乱的主要战场自然是在京都附近，战争结束之后，京都大部分地区的建筑损毁，很多在这场争斗当中化为灰烬。

耗费了大量的人力物力，带来十多年的动荡不安，却没有最终决出这场战斗的胜负。对于幕府来说，不管哪一方都是吃亏的，因为他们并没有获得实际的利益，还导致幕府在守护大名中的权威一落千丈。

本来幕府就没有什么威信力，还将大部分精力放在了内乱上，所以离京都较远的地区，全都被各守护大名收入囊中。等内乱完了，幕府将军也选出来了，他会发现自己实际能领导的地区也就是京都了。

所以说眼界还是很重要的，光看到眼前的利益，无异于是捡了芝麻丢了西瓜。对于应仁之乱的始作俑者来说，更是连芝麻都不一定能捡到，却丢了一车西瓜。

应仁之乱开始于 1467 年，我们普遍认为从此开始进入日本战国时代。原本归属幕府领导的守护大名们，因为卷入了应仁之乱，干脆在实际意义上实现了独立乃至对立，所以他们的新身份就成了战国大名。

战国时代是一个下克上的励志时代，不管是阶级还是地位，都不会限制未来，只要有能力，随时都能掀翻自己的主子，翻身做主人。所以很多日本人对战国时代相当感兴趣，这里涌现了许多跨越阶层的勇士和英雄，也创造了一个新的未来。

下克上的时代，幕府将军已经不再强势，随时都有可能被大名们掀翻。比如 1493 年，细川氏公然站在了幕府将军的对立面，将军足利义材决定亲自讨伐。本来幕府将军有这样的身份之便，应该是振臂一呼，响应万千，但是他没料到，现在早就不是旧时代了，还没来得及出发，细川氏就已经说服了京都的当权者站在自己这边。于是就出现了这样一个神奇的场景——将军还没出门，就已经被罢免了。

这场政变又被称为“明应之变”，让后来的将军们接受了一个赤裸裸的残酷现实——那就是他们的存在，已经与天皇无异，只不过是政局之上的傀儡罢了。

除了中枢的下克上情况，日本各地都盛行这样“励志”的趋势。小地方的守护随时可能攻伐他的上级，取代他们成为更大区域的守护，然后也可能被其他人掀翻。这样的场景是不是非常熟悉？没错，与中国古代春秋战国时期的情况一模一样，各国掌握实权的贵族随时可能取诸侯而代之，三家分晋不就是这样来的吗？

这样的下克上场景，出现在日本战国时期的各个地方，新兴的势力时刻与旧有的贵族和豪族斗争着。最惨烈的时候，甚至连幕府将军都因为各个实权大名之间的争斗，导致被弑杀。

幕府的 13 代将军足利义辉就是如此，他也是一个有一定能力和野心的将军，不仅没有像自己的前辈们一样沉迷于玩乐之中，反而想要重振幕府过去的辉煌。足利义辉积极在政治舞台上展现幕府的实力，试图在大名的纷争中重新建立幕府的权威。然而好景不长，他倒是没有得罪什么人，却因为能左右幕府的实权大名之间有了冲突，有大名想要拥立新的幕府将军，就将足利义辉弑杀了。

幕府将军的权威已经衰落至此，战国大名们甚至连表面功夫都懒得去做。由此可见，由上到下的这种风气，也就是下克上的情况是多么普遍。

关系复杂的日本战国三英杰

日本战国时期，涌现了许多性格各异、履历辉煌的英豪。他们有的以忠诚勇武而闻名，是一代铁骨铮铮的英雄；有的以机智聪慧而走上历史舞台；还有的则因为善于隐忍和谋略，获取了最终胜利。这些英豪们成就了日本战国时期这一片最灿烂的历史星空，其中最著名的莫过于战国三英杰——织田信长、丰臣秀吉和德川家康。

战国时代的结束，与这三个人有着密不可分的关系，而这三人之间的关系也相当复杂。

按照时间顺序，织田信长应该先与德川家康相识。他们都是战国大名的儿子，信长小的时候是尾张国的少主，也被称为“小大名”，德川家康则是三河国的少主。巧合的是，这两个地方挨得非常近，所以两位大名之间从来没有和谐的时候，一直都在打来打去，冲突不断。彼此都想吞并对方的土地，但就是不成功。

这两家之间的角力向来没有停止。在日本战国时期，当两家有联合的意向时，就会派遣质子来表示诚意。三河国的大名想要跟其他大名联合，就将德川家康这个儿子派过去做了人质。这个消息不知道怎么被尾张国的大名知道了，他怎么可能坐任自己的对手实力壮大获得盟友呢？一不做二不休，他干脆在半路上抢了质子，将德川家康带回了自己的国度。

这么一来三河国就没办法了。没想到在尾张国生活的时候，德川家康并没有因为自己质子的身份就跟织田信长成为敌人，反而关系不错。这两个人年纪相差不小，但也算是从小一起长大了。

织田信长是一位真正优秀的军事家和谋略家，也是结束日本战国时期的主要推动者。小的时候，他的思维就异于常人，常常被大家嘲笑，然而当他成为大名之后，人们才意识到织田信长的聪慧和特异之处。织田信长刚上任不久就以少胜多，以四千人奇袭了五万人的骏河大名军队，大名今川义元在此战中死去。这一战可谓不鸣则已，一鸣惊人，在日本历史上可以排得上前三，让织田信长的名字响彻大名之间。

之后，织田信长的实力越发增长，曾经与德川家康平起平坐的身份也不同了。此时的德川家康还是今川义元辖制下的一个傀儡呢，所以当织田信长接管了今川义元的土地，也同样接管了他的小弟，德川家康就这样从朋友变成了亦友亦下属的关系。

在这之后的日子里，他们一直都是最坚定的盟友，当然这种盟友也有微妙的上下级关系。织田信长本来就有天赋，现在又有实力，所以将德川家康甩得越来越远。在这种情况下，德川家康就更唯命是从了。

到了什么地步呢？织田信长和他的关系很好，就将自己的女儿嫁给了德川家康的儿子。虽然是政治联姻，但也表现了父辈之间的友好。但织田信长有时并不相信德川家康，所以有一次就假借女儿抱怨，让德川家康杀死自己的妻子和儿子。这个要求对于原本应该平起平坐的大名来说，是相当过分的，但是德川家康考虑了几天之后，竟然照办了，由此可见他们两个之间的微妙关系。

跟织田信长比起来，德川家康最擅长的就是忍。做了这件事之后，他受到了战国大名们的嘲笑，但他忍了，一直和织田信长保持着比较好的关系。

丰臣秀吉与德川家康的情况不一样，他是一个真正的励志典型。丰臣秀吉的出身比较低，父亲早早就死了，自己只是一个农民，家里相当贫穷。为了糊口，丰臣秀吉曾经当过山贼和强盗，也因此进入德川家康麾下，成为一名杂役。

在一次敌袭当中，丰臣秀吉留下来抵挡敌军掩护织田信长逃跑，并且神奇地活了下来，这就给了他成为织田信长亲信的机会。这一次征战德川家康也在，他们彼此都认识了对方。

丰臣秀吉一直跟着织田信长南征北战，织田信长并没有愧对自己的天赋和能力，在 1582 年，正式推翻了室町幕府，让延续了近百年的动荡不安逐步走向统一。就在即将迎来曙光登上最高位的时候，织田信长死了。

因为政见不同，织田信长意外被手下信任的将领明智光秀叛变，丰臣秀吉当时正在外面带兵打仗。后来他赶回来，接管了织田信长的势力，也杀了明智光秀，就这样取代织田信长成为新的统治者。

当然，这个过程并不十分顺利，但织田信长麾下的大将都没有争过丰臣秀吉，也就让他最终接管了胜利果实。在日本的历史上，丰臣秀吉大概是第一个出身如此卑微，但后来地位又如此之高的人吧！

所以最终迎来了统一的，不是织田信长，而是丰臣秀吉。德川家康是织田信长曾经的盟友，又一次发挥了自己隐忍的功力，臣服于丰臣秀吉。当然，后来他熬死了丰臣秀吉，建立了德川幕府，成为三英杰中笑到最后的那一个。

这三个人之间的复杂关系与爱恨情仇，实在很难用寥寥几句话说明白。从他们的身上，你可以看到日本战国时代英豪们的多姿多彩，所以说这是一个群星璀璨的时代。

大权独握背后的隐患

改朝换代，建立一个新的时代，最大的问题就是要重新设立政府机构与执政方式。故而每一个时代的创立者，往往都习惯于乾纲独断，不能在很短的时间内建立一个完备的政治体系，丰臣秀吉在世的时候也是如此。

因为缺乏足够的人才建立一个完整的组织，所以丰臣秀吉将大部分权力都握在自己的手上，也就是亲力亲为去干活儿。除此之外，他还设立了五奉行，将行政司法等不同方面的事务委托给了五个亲信，构成了一个相当简陋的班子。

他还选取包括德川家康在内的六位大名，给予他们“大老”的身份，相当于丰臣秀吉政权的长老院，有什么重要的事情，就直接表决完成。后来演变成五位，就是“五大老”集团。

这样的政治体系和班子不是简单，而是相当简单。这其中包含的隐患是显而易见的，丰臣秀吉还在的时候，自然不会出现什么问题，所以他也可能意识不到有问题。但当他去世以后，一旦他的继承者没有足够的威信，这种岌岌可危的平衡就很容易被打破。

所以在大权独握的背后，丰臣秀吉享受到了无上权力所带来的荣耀，也给自己的继承人留下了一个巨大的隐患。这就相当于他创立了一个公司，因为自己的能力强悍，所以可以兼任董事长和总经理，公司事务一把抓，完全没有问题。同时他将公司的权力分给了董事会的几个主要人物，平时的工作就是大家一起商量着做。这就像是一个初创公司，如果要想走入正轨，必然应该渐渐建立一个完备的领导班子。

根据现代企业的管理哲学，家族制企业往往都是聘任 CEO 来打理日常事务，掌握着股权的大家族，只要在大方向上不出错就可以了。这既保证了家族制企业的繁荣，避免因为某一任领导人过于昏庸而出现重大的错误决断，又能保障权力永远掌控在“董事长”手里，而不是一不小心就被董事会其他人挤下位子。

如果丰臣秀吉上过这堂管理课，就知道自己过于专权、乾纲独断的行为，只是图一时的痛快，却留下了无穷后患。说实话，如果他在此时建立一个权责明晰的政权组织，也就不会出现后来德川家康篡权上位的情况了。

除了在统治机构的划分上过于简单粗暴外，丰臣秀吉的统治模式也是相当严厉的。正因为他自己是从战乱当中脱颖而出的，所以格外明白武力与武器的重要性，因此在 1588 年，就找各种借口收缴了全国农民手中的武器，哪怕是正常使用的腰刀、弓箭等也完全没收。所以在丰臣秀吉统治的时代，携带管制刀具出入是很容易被抓起来的。

除此之外，他还对全国的土地重新丈量和划分，确保每一寸土地的所有人都明晰，保障每一分税钱都能够足额缴纳。之所以看中这部分，是因为他的主要收入就来自于土地税收，这可是丰臣秀吉政权的“腰包”，当然得看好了。

丰臣秀吉还制定了《身份统治令》。这个有点像户口的人口统计政策，严格要求农民不可以随意离开自己的家乡，而武士必须跟随主君，通过限制他们流动的方式来保障政权的稳定。

简而言之，丰臣秀吉统治的时代管理得相当严格。

他不仅对自己国家的臣民相当严格，而且目光向外，还看中了其他国家的臣民。1587 年，丰臣秀吉要求朝鲜向其称臣纳贡，还希望在菲律宾这些东南亚国家进行殖民的葡萄牙、西班牙对其称臣纳贡。没错，丰臣秀吉的手不仅伸到了朝鲜半岛，还想直接伸向葡萄牙和西班牙的势力区，可以说真的是想得挺美。

当时的中国是明朝统治，丰臣秀吉是想趁明朝政权衰弱的时候，顺便欺负欺负朝鲜。可惜朝鲜也不是好惹的，著名的朝鲜抗日名将李舜臣就是这一时期的主要反抗者，加上明朝派来的援军，他们多次击败了丰臣秀吉的军队，实力打脸了丰臣秀吉的异想天开——就算明朝有所衰落，你爸爸还是你爸爸。

正是因为丰臣秀吉在国内外的强硬手段，让他虽然大权独握，却带来了内外的多重隐患。所以丰臣秀吉去世之后，“五大老”立刻结束了侵略朝鲜的战争——这明摆着是吃力不讨好的事情，也就只有丰臣秀吉有勇气坚持。

面对年纪尚幼的主君，年富力强的“五大老”既有威望又有野心，还有丰臣秀吉遗留给他们的无上权柄，自然不肯乖乖臣服，所以很快他们自己就打成一团，最终德川家康成为胜利者。

丰臣秀吉本来已经掌握了大权，如果他不是过于缺乏警惕，就不会在自己去世之后产生如此遗憾的结局了。

老谋深算的德川家康

丰臣秀吉去世之后，身为“五大老”之一的德川家康，成为下一任领导者，并且开启了德川幕府时代。说起德川家康这个政治家，他的身上颇有些司马懿的影子。曾经的主君织田信长就如同曹操一样，是个常人难及的乱世英豪，竞争对手丰臣秀吉又是个始终压着他的大将，所以他最大的优势就是像司马懿一样善于隐忍。等熬死了自己的这些同辈，能够掌控大权的就是他了。

事实上，德川家康的忍在他的政治生涯当中多次体现，一个善于隐忍的人，往往都老谋深算。织田信长在位时，德川家康因为他的命令，就干脆地杀掉了自己的结发妻子与儿子，可见善于隐忍；织田信长被杀之后，德川家康在与丰臣秀吉的较量中落败，立刻妥协，臣服于对方，还将自己的次子送去给丰臣秀吉做养子，也可见其隐忍。当然，此时的德川家康已经有了很强大的实力，不可能由丰臣秀吉单方面欺负，所以丰臣秀吉的妹妹和母亲也送到了他那里，成为人质，两人算是政治联姻，以此获得了短暂的和平。

丰臣秀吉临死的时候也意识到,自己的儿子可能无法对抗德川家康,甚至曾经留下遗言，让德川家康迎娶自己的妾室，想以此牵制德川家康，使他拥戴自己的儿子。没想到他刚去世，德川家康就跟丰臣秀吉的妾室一派闹翻了。

当时的德川家康已经在自己关东的封地筹谋准备了许多年，以江户城为中心，苦心经营了一番。尤其是丰臣秀吉对外打仗却屡战屡败的时候，德川家康更是趁机发展，此消彼长之下，他的实力早就超过了丰臣集团。

所以就算丰臣秀吉留下的五奉行中还有忠心之士，也没能对抗德川家康这个实力雄厚的大名，很快德川家康获得了胜利，成为新的“征夷大将军”。

自此,德川幕府走上了历史舞台,江户时代到来了。德川家康的老谋深算,不仅体现在他对幕府政权的规划上，也体现在他的政治眼光上。他深深明白,如果自己在有生之年一直是幕府将军，临终再传给儿子，就很容易造成他的位置坐得不稳。所以德川家康在威望最盛的时候选择了让位，让自己的儿子德川秀忠继位为将军，自己在背后掌控大局。这样即便他有朝一日去世，也不会有任何后患，德川秀忠的将军之位已经坐稳了。

由此可见，在政治眼光上，他比丰臣秀吉要强了很多。而德川秀忠也效仿他的父亲，通过提前让位的方式，始终把控着最高权力。正因为德川家族是从地方大名上位的，所以他们格外明白这里面的猫腻，对有实力的大名进行锲而不舍的打压，最终稳定了德川幕府的统治。

大名之间也搞区别对待

江户时代是德川幕府主政。因为德川家康是从地方大名发展起来的，又经历了战国大名们互相攻伐的混乱时代，所以特别明白大名们实力强悍对中央造成的威胁和隐患。因此德川幕府的大名，会按照亲疏远近进行划分，不同情况下他们获得的待遇也是不一样的。

按照亲疏关系，德川幕府时代的大名有亲藩大名、谱代大名和外样大名三种。“亲藩大名”，就像中国古代的藩王，要么姓德川，要么就得跟德川家有非常密切的血缘关系，否则是不可能成为亲藩大名的。亲藩大名也有远近亲疏之分，有的将来是可以继承将军职位的，若是德川家族没了后人，幕府将军将优先从他们中选取，还有的则是将军的亲信家族。

“谱代大名”，比亲藩大名稍次一等，跟德川家族可能没有密切的血缘关系，但是早在战争中就结下了深厚的友谊，是德川家族早期的家臣和拥戴者。德川家康的划分方式是，在“关原之战”之前就慧眼识珠愿意臣服于德川家族的大名。由此可见，他也是个赏罚分明的人，愿意雪中送炭、为自己鞍前马后的老兄弟，自然要多加抚慰，后面再倒戈来的墙头草就是另一种待遇了。

在“关原之战”之后见势头已定，才臣服于德川家族的大名，就是“外样大名”。德川家族根据大名的亲疏关系，那是相当赤裸裸地区别对待。在重要的地区，只有亲藩大名和谱代大名可以成为领导者。摇摆不定的外样大名，往往会被一竿子支到极偏远的地方，而且周围还会安插谱代大名，时刻监视对方。但是亲藩大名与谱代大名之间，反而是谱代大名更有实权。就像皇帝往往更加警惕藩王一样，所以亲藩大名地位虽然很高，但是实际权力却比较少，可以算作是被架空了。

这种亲疏远近，不仅一目了然，而且在实施管理的过程中，对德川幕府的稳定来说，具有相当强的效用。正是因为德川幕府在分封大名的时候，运用了管理的智慧，所以才能让它的统治更加长久。仅仅是从这一点上来说，就比丰臣秀吉的政治智慧高了不少。

由于战国大名已经习惯了自治，所以新建立的幕府不可能再像之前一样，由幕府政权来统治全国。分封的大名在自己的土地内拥有自治权，他们有自己的机构和官职，各个大名家族所领导的武士则成为他们自己的家臣，参与到分封土地的建设和管理中。

被“降职”的天皇

自从室町幕府时代开始，天皇的名字就越来越少出现在历史大事件中。尤其是后来进入大名林立的战国时期，连幕府都成为大名的傀儡，更别说只有吉祥物作用的天皇了。所以到了德川幕府时期，德川家族对天皇也并没有什么敬畏之心，反而进一步限制天皇的各种权力——换句话说，在实际意义上，天皇又一次被“降职”了。

我相信每一位天皇都怀念贵族统治的时代，那时候他们的地位是多么高贵啊！就算是外戚，想挟持天皇干政，那也是因为看中了天皇强大的影响力和精神统治力。结果武士家族上位之后，先是有了天皇被流放的先例，继而他们的权力范围也不断缩小，实在是闻者伤心，见者流泪啊！

然而再怎么无奈，历史的进程早就不由天皇来左右，当天皇在大的政治事件中出现的次数越来越少，也就意味着他们再回到权力中心的概率是越来越低。事实上，德川幕府重建的时候，德川家康就已经能随意拥立天皇了。

当时德川幕府的权威还不算鼎盛，统治尚不稳定，仍然需要天皇的精神力量作为辅助，但在这种情况下，天皇依然没有选择权。所以后阳成天皇就让位给了后水尾天皇，其后果就是德川家族刚拥立的天皇立刻颁布了新规定——幕府可以干预皇室的选择，包括天皇继承。

进入 1613 年，德川幕府的统治进一步稳定，更是不将天皇家族放在眼里，干脆颁布了《公家众法度》，给天皇和朝廷贵族设立了这样一条规定：以专心研究学问为第一要务。

这是什么意思？就是赤裸裸地宣告，天皇和朝廷贵族平时别没事老关心政治，专心做学问就行了。这是完全将天皇及贵族世家架空成泥胎塑像，留给他们清贵的名声和较高的地位，也将其远远排除在政权之外。如此一来，就更不可能出现当年后醍醐天皇推翻幕府那样的行为了。

1615 年，幕府再次通过法规来给天皇“降职”，要求跟武士家族有关的官位，不能由天皇朝廷来颁发，必须由幕府直接任命，而且天皇也没有出访地方的权力了，连属于公家的领地都逐渐削减。既没权力，又没钱，还没有跟地方大名联系的机会，天皇朝廷就算再想挣扎也很艰难了。

在这种情况下，天皇在政治上的权力可以说是一降再降。没有了政治权力，表面上的尊重只不过是虚的，随时都有可能被剥夺。比如 1619 年时，后水尾天皇后宫的女官为他生下一子一女，这事让当时的幕府将军德川秀忠知道了，那是相当不高兴。本来就算是幕府将军也管不着天皇后宫生孩子的事情，但谁让德川秀忠想让自己的女儿嫁给天皇呢？他可能还想获得一个有德川家族血缘的下一任天皇，彻底解决天皇随时觊觎权力的问题，自然不愿意让天皇先生下孩子。

在这种情况下，天皇是如何选择的呢？很简单，因为缺钱，他不得不答应了德川秀忠的要求，第二年就迎娶了他的女儿。当权力被限制，连领地和金钱来源都没有了，就算是天皇也不得不低头呀！所以这种表面上的高贵与体面，是多么没有意义，天皇比谁都清楚。

所以在德川幕府时代，天皇名头虽在，事实上却是进一步被“降职”了。

“日本浪人”是怎么出现的？

在大多数人的印象中，一提到“日本浪人”往往就是街头小混混的代名词。日本浪人到底是怎么出现的呢？其实这并不是一个简单的小混混团体，最开始之所以会出现大规模的日本浪人，是因为有大量的武士“失业”，失去了主家和俸禄，所以不得不流落街头。时间久了，这些没有收入也没有工作的闲人，自然就成了一股不稳定的社会力量。

所以说就业问题不管是在哪朝哪代都是应该关注的，如果街头有了大量的失业者，必然就会造成社会的不稳定。日本浪人就是武家时代的失业者，区别只在于他们武力比较强而已。当然就是因为这一点，所以造成的社会不稳定因素就更多了。

只有在幕府统治时期，才会出现日本浪人这一特殊角色。在当时，天皇已经完全被架空，只是一个民族的精神领袖，掌控国家的不是贵族，而是武士阶层。武士阶层的最高首领就是幕府将军，在幕府将军的统领下，各地的大名都有自己的家臣和部将。大名的家臣在地方上也是一股强有力的势力，而这些家臣又有家臣，有明确的上下尊卑，就像企业当中不同级别的领导者。

不管是大名还是家臣，抑或是家臣手下的部将和基层武士，他们都是依靠战功或者其他功劳来获得土地以及俸禄，通过这些土地和俸禄来养活自己与家人，维持一定的地位。在这种情况下，要养家糊口就必须要保住自己的地位和封地才行。

在幕府的统治之下，由上而下争斗与竞争不断，一旦遇到主家获罪或被其他大名打败的情况，就必然有相当一部分武士失去自己的封地和俸禄，甚至连可以跟随的“上司”都失去了。

除了这种情况，还有的时候就是下属和领导者之间的政见不合，比如某个家臣得罪了主家，或犯了其他错误，就可能被赶走或驱逐。

这些情况都是防不胜防的，失去了自己的封地，在没有找到新的投靠者之前，他们就只能选择“打零工”。这些武士可能通过做保镖、当老师，乃至去海上做海盗来赚钱，但一个共同点是，他们都失去了可以依靠的主家，成了“个体户”。在这种情况下，他们就被称为“浪人”。

日本浪人并非意味着获得了自由可以随便浪，而是相当于从捧着金饭碗变成了自由职业者或者个体户，甚至连个工作也没有。在现代社会这样的反差会让你感到惶恐不安，更何况是在以土地为一切财富衡量物的日本古代了。所以成日本浪人，就意味着前途尽毁，很多武士都因此成了社会的不安定因素，或成为劫匪强盗，或成为骚扰周边国家和商人的倭寇。这一问题在德川幕府统治时期发展得格外迅速。

为什么这样呢？因为德川家族特别担心别的大名势力过大，威胁德川幕府的统治，就在统治前期，找各种借口没收其他大名的土地。只要是大名没有直系的继承人，他们的领地就会被没收，这种情况特别普遍。在以前，为了解决继承人的问题，大家会收养亲戚的儿子，通过养子来继承，但是德川幕府直接通过规定禁止这种情况——只要不是亲生的就不行。所以，大量土地被没收，不断有日本浪人出现。在德川幕府第三代将军德川家光去世的时候，日本已经有 40 多万的浪人。

就业问题得不到解决，很容易产生摩擦和矛盾，这些日本浪人还有更加强悍的武力，所以纠集起来就是一股不可小觑的力量。事实上就曾经有浪人在 1651 年发动过倒幕行动，这让德川幕府意识到了问题，通过修改法令允许收养养子继承土地。

然而已经晚了，日本浪人的问题成了德川幕府时代的大问题。而且他们自己作死，还影响到了邻居，同时期的明朝因此面临倭寇在沿海骚扰的严峻问题。这可真是损人不利己的一个政策，虽然在一时之间起到了稳定统治的作用，却也给社会留下了长久的不安定因素。

儒学治国，道路曲折

德川幕府经历了前三代将军的锐意改革之后，终于走过了漫长的不稳定阶段，开始进入到平稳发展中。他们信奉朱子理学，从第四代将军德川家纲开始，实施文治，推崇儒家思想。

没错，就是影响中国政治几千年的儒家思想，放在日本政坛上也是备受喜爱的。儒家思想所提倡的忠孝与仁政，都与武士道精神有着相似相通之处，也符合当时急需平稳发展的德川幕府的需求，所以是恰到好处。

因此，不仅第四代将军德川家纲沉迷于推广儒家思想，第五代将军德川纲吉也是一个“儒家迷”。他是一个非常乐于分享的人，觉得儒家思想是个好东西，所以不仅自己学，还推荐给别人一起学。当然，德川纲吉不一定是单纯抱着推广儒家思想的态度，可能是看到了儒家思想当中利于统治的那一方面，但他对儒学治国在日本的发展是有功劳的。

德川纲吉是个很有趣的人，在推广儒学思想上特别热衷于亲力亲为，亲自向诸位大名宣讲儒学的好处，还建造了一个专门的学堂用于传播朱子理学。沉迷于儒学，并没有让他成为一个书呆子，而是让他学会了灵活运用其中的理念。

儒家思想一直强调以民为本，在“士农工商”中将农民排在第二位，在历史上也涌现了大量生于耕读之家的名臣，完成了“朝为田舍郎，暮登天子堂”的阶级跨越。可见，民力一直是中国各朝各代都相当关注的重点。这一点德川纲吉也意识到了，所以他非常重视农村，认为派遣的朝廷官员首先应该关注的就是农村的人民疾苦。因此，在德川纲吉的统治时期，官员们往往不敢轻易玩忽职守，更不敢不关心农民和百姓生活，因为一旦被将军发现，就很容易遭到严厉的惩处。而且，如果武士之间产生了内斗，幕府也会以强硬的手段处理，甚至可能让他们切腹自杀来谢罪。在这一风气影响下，原本崇尚武力、很容易产生斗争和摩擦的武士阶层，前所未有地和谐起来，个个都推崇互相关爱、体恤民情，摇身一变都成了文明人。没办法，谁都惜命啊！

以儒家思想治国，对于德川幕府的统治来说，积极影响是远大于消极影响的。只是推动者德川纲吉似乎将儒家思想解读得太极端了，所以在他统治末期，也出现了一些昏庸的行为。

当时德川纲吉最大的苦恼就是没有儿子，不仅他没有，连他的兄弟也没有儿子，缺乏男性继承人意味着他不得不把将军之位传给自己的外甥。所以德川纲吉更勤快地做“好人好事”，迷信地认为这样就可以生儿子。

他是怎么做好事的呢？很简单，那就是颁布法令，禁止杀生。在德川纲吉颁布的新法令中，爱护动物将成为全国上下的首要工作，不仅不能出现虐猫虐狗的残忍事件，就连昆虫也应该得到足够的人文关怀。可以说，德川纲吉已经达到了动物保护主义者能做到的极致，再加上他还是一个国家领导人，产生的影响就更大了。在最极端的时候，德川纲吉还耗费巨大人力物力，建立专门的流浪狗收养场所，进行这种“人文关怀”。

这下动物倒是得到人文关怀了，但是因为范围太广，总有人在有意无意间伤害动物，因此被流放，最甚是处死。而且政府所采取的一系列关怀行为，都耗费了实实在在的人力物力，更是让人难以理解。放到现在，动物保护者还要招来别人的非议和不满呢，更何况德川纲吉这种倾全国之力去做的保护行动了。所以，从他这一昏庸的法令开始，曾经依靠儒家思想治国而积累的实力就在渐渐衰退，即便继任者进行了改革，也没能改变幕府逐渐走下坡路的情况。

遭遇财政危机的幕府

极端的“动物保护主义者”德川纲吉，因为大手笔的动物保护活动在政坛上造成了非常恶劣的影响。除此之外，当时进入了商品经济萌芽时期，传统的封建社会正在被商品经济的思想冲击，这也导致了一系列问题。

举个简单的例子，商品经济的繁荣会让人们的购买欲望加重。以前在小农经济影响下，人们即便是有足够的财力，可以消费的物品也是比较贫乏的。而商品经济不断发展，不仅市场上的商品种类逐渐增多，精巧程度逐步提升，而且不同地区之间的商品交换也变得越来越频繁，甚至海外购物也不少见。在这一情况下，从大名到武士，只要手里有财产的人，都热衷于消费，不仅每日忙着买买买，还要跟同阶层的人攀比竞争，这就导致他们的开销越来越大。

开销变多了，但幕府的收入并没有相应增长，他们还是依靠着简单的地租税收来维持日常活动。这就出现了坐吃山空的情况，花得越来越多，赚得却越来越少。所以到后来，幕府和大名们的钱袋子逐渐空了，而进行商品交易活动的商人腰包却越来越鼓，甚至出现了幕府和大名向商人借钱消费的情况。

财政赤字，成为笼罩在幕府头顶上的一片乌云。

在现代社会，政府都明白财政赤字的危害，一旦政府所欠的钱款不能偿还，很容易导致企业破产。幕府政权倒是没意识到破产的问题，也不存在这个情况，但他们也知道欠钱不还是不可能的，所以只好加大税收，甚至克扣俸禄。这直接导致商人越来越有钱，幕府欠的钱越来越多，而武士与平民则越来越穷。

当这一情况愈加严重时，意味着占社会大多数的阶层越来越穷困，身上的压力越来越大，很容易出现暴动或反抗，社会自然就渐渐不稳定了。

所以德川纲吉去世后，接连几位幕府将军希望进行改革，解决财政赤字问题，但是都因为在位的时间比较短，所以没能顺利推行。

幕府第八代将军德川吉宗上位之后，意识到财政问题导致的阶级斗争越来越严重了，所以他决定深化改革。首先他将大权揽在自己手里，改变了过去放权于其他人的惯例，先习惯让别人听自己的话，再进行彻底的财政改革。通过选拔任用贤能的官员，改革幕府的财政收入方式，同时固定地租，避免向农民加收苛捐杂税，还限制工商业活动，德川吉宗很好地打压了商人的快速崛起，保障社会资源不会全部流入商人和上层手中，减轻了这种矛盾。

这一改革被称为“享保改革”，是一个涉及多方面的社会改革，解救了当时岌岌可危的德川幕府，因此他也被称为是中兴之主。但说实话，当时商人和新兴阶级的崛起已经是一种社会趋势了，所以这个对他们不利的改革，并没有得到很好实施，反而激化了另一方面的矛盾。只能说幕府的统治已经渐渐不适应社会潮流了，所以就算再有才能也很难挽回衰退的趋势。

在动荡中不断衰退的德川幕府

德川吉宗是一个中兴之主，奈何他生错了时代，仅凭自己的能力，很难挽回幕府的衰退趋势。他的运气也不太好，他在任期间发生了全国性的饥荒，产生了大规模的动乱，差点让他的改革功亏一篑。

仅仅是这些也就算了，但德川吉宗的运气是真的很差，虽然有一个聪明的孙子，可是儿子却有一些智力问题——简而言之，是个傻子。这个傻儿子人不聪明，活的时间倒是很长，在位时间长达15年。所以在他在位时，幕府的权力渐渐旁落，等到德川吉宗的孙子德川家治成为幕府将军，他手中可以行使的权力已经不大了，空有聪慧和志气，是很难完全发挥出来。

此时的权力被当时幕府的“老中”，也就是重臣田沼意次所掌控，这段时间甚至被称为“田沼时代”，幕府将军反而被人遗忘了。

田沼意次倒是一个有识之士，虽然抢了幕府将军的活儿，但活儿干得还不错。他利用商品经济的趋势来帮助幕府进行改革，让财政收入顺势增长。比如当时市场上，铜等金属和人参等贵重品比较火爆，田沼意次干脆将这些垄断成为幕府专卖，这样原本流入私人口袋的钱就被幕府赚到了。除此之外，他还采用了其他一些促进贸易的方法，带领幕府积极从这些贸易当中抽取利润，以“国有商业”来赚钱。

虽然做得不错，但田沼意次好像运气也没有多好，在他管理的时候出现了火山爆发、洪水泛滥等几十年都没有出现的天灾，直接导致各地暴乱频频。所以，他的改革最终也因为太多人反对而终止了。

可见在这段时间，运气并没有关照德川幕府，即便先后两位领导者都是励精图治、能够带领幕府顺应时代发展的强人，但时运不济，往往就是如此。

在这之后，还有德川吉宗的孙子松平定信进行过改革。他的改革方式倒不是顺应时代发展和历史潮流，而是力求恢复原本的小农经济状态，关注农民，打压商品经济。如果改革成功，倒是有利于社会稳定，在改革过程中也展现了这种趋势，还让幕府的权威越来越高。不过没办法，不顺应历史的发展潮流，就是在跟人民作对，他的改革显然是不合时宜的，所以时间长了还是反对者不断。而且松平定信的坏运气好像是一脉相承的，在他掌管幕府的时候，也遇到了接连不断的天灾，粮食年年歉收，导致大量的底层市民吃不上饭。如此一来，就算他的改革能够产生成效，大家心里也不会满意。

这段时间，即便德川幕府有锐意改革者，但坏运气始终伴随着他们，不管他们如何选择，都以失败而告终。在接连不断的天灾人祸和动荡不安中，幕府虽然不断挣扎，也没能从衰退的趋势里走出来。

专注婚丧嫁娶的将军

松平定信改革时期，辅助的将军就是第11代幕府将军德川家齐。德川家齐在幕府历史上是一个非常有特色的将军，标志在于他娶的老婆特别多，生的孩子也特别多。

德川家齐的一生中，拥有一位正室夫人，39位侧室夫人，而实际上他的妾室远远不止这个数量。德川家齐之所以营造了如此庞大的一个后宫，就是因为他特别热爱家庭生活，不喜欢进行政治活动，反倒享受平凡人的乐趣。

老婆多了孩子就多，仅仅是有记载的儿子就有28个，女儿27个。除此之外，德川家齐肯定还有很多没有登录在册的妾室，也必然会有她们所生的大量私生子。这样看来，他在添丁进口上的功绩不仅是前无古人后无来者的，放眼世界也难有几个领导者可以相提并论。

有这么多的孩子，仅仅是儿女的婚丧嫁娶事宜就要耗费大量的精力，可以说，德川家齐一生中大量的时间都耗费在了这些事上，堪称是一个热衷于婚丧嫁娶的幕府将军。

虽然因为当时的夭折率比较高，德川家齐一半多的儿女都夭折了，但另一半也需要耗费大量财力物力去养育长大并娶妻或出嫁。可想而知，这是多么庞大的一笔花费，甚至因为德川家齐娶儿媳妇嫁女儿的行为，让幕府差点破产。

当然，德川家齐也采取了一些措施减轻幕府的负担，比如他的很多孩子被送往各个大名家里，成为对方的养子。这在当时是一种流行，有利于通过血缘亲情来和各个大名建立更密切的关系。把孩子送出去就不用花钱了，这在某种意义上减轻了幕府财政的负担。而且要抚养幕府将军的孩子，大名们还要给幕府一笔钱，名义上是交给幕府的礼仪费，实际上也能给幕府带来收入。

换句话说，德川家齐基本上就是靠“卖孩子”来赚钱。但是这种大名养将军儿子的方式，并没有建立非常深的血缘关系。比如当时的大名毛利齐广，就是为了推翻德川幕府的统治才娶了德川家齐的女儿。可见，娶了你的女儿，养了你的儿子，并不意味着就是答应和你成为一家人，各个大名心里的算盘打得比德川家齐精明多了。

不管德川家齐这种用子女和其他大名建立关系的方式是否科学，都不妨碍他成为德川幕府历史上最热爱家庭生活的将军。

矛盾重重的末路幕府

德川幕府的统治时期，不仅运气不好，多次改革都因为种种原因而被迫夭折，而且面临的外部压力与矛盾也非常大。当时正是西方列强崛起的时候，西班牙与葡萄牙先后在东南亚建立了自己的据点，和日本比较近的沙皇俄国也不断扩张。1792 年，沙皇俄国的使节专门到达北海道，要求与日本幕府进行通商活动，但当时的幕府拒绝了。所以这就埋下了和沙皇俄国之间的隐患，双方在后来的日子里摩擦不断，常常出现小规模的冲突。

北方的俄国试图入侵日本领土，在南方英国的船只也常常在日本港口引起骚乱。对此幕府防不胜防，干脆在 1825 年颁布了律令，要求对当时停在港口的海外船只进行无差别驱逐。这种简单粗暴、毫无差别的处分方式，在当时引起了一些学者的不满，不过幕府没有当回事，只是对反对者进行了严厉处罚。

由此可见，幕府当时并没有意识到世界已经变天了。跟当年的中国清政府一样，德川幕府也守着小农经济的思想，并没有想到有一天将会大难临头，会被西方的枪炮、思想文化彻底冲击。

除了对外关系的矛盾不断，对内也是动荡不安。在德川幕府的统治末期，除了天灾人祸导致连续粮食歉收之外，商品经济的发展也让社会阶级不断变动。过去统治者没有放在眼里的商人，已经逐渐成了一股不可小觑的中坚力量，市民文化开始在城市当中起到较强影响。所以，当幕府还想继续封建统治，打压商品经济的时候，市民阶层的反对声格外大。

幕府末期腐败贪污的情况特别严重，让他们不仅管不好国家，内部也是矛盾重重。一些下层武士开始因为对幕府不满而逐渐出走，这在过去是很少出现的。身为武士，往往天然就与幕府站在一起，连武士阶层都忍无可忍，可见德川幕府末期的威信已经下降到何等地步。

其中最有名的，就是下级武士大盐平八郎所领导的武装暴动事件。大盐平八郎原本是武士当中的普通一员，主要工作就是维持社会治安，相当于是当地的警察。有趣的是，他还是心学的信奉者，推崇中国明朝思想家王阳明的思想。心学与程朱理学不同，有深度而且更重视个人的思考，所以大盐平八郎也不是一个古板的武士，面对自己所在阶级的腐败情况，他在忍无可忍之下选择了出走。

离开家族之后的大盐平八郎成了一个教师,虽然他避免了助纣为虐，但看到的社会阴暗面依然越来越多。1837 年，实在无法忍耐的大盐平八郎，带领自己的学生发动了武装暴动，在当时日本的大城市大阪造成了相当大的影响。

之所以如此做，是因为当时的大阪富商在缺粮少食的危急关头，不仅没有赈济灾民，反而借机会炒作、哄抬物价。本来这种行为应该被官员阻止，没想到他们官商勾结，情况越来越严重。普通市民的生活越来越艰难，当愤怒累积的时候，他们就在大盐平八郎的带领下开始了反抗。仅在大阪地区，就有数万间属于富豪商人和粮店的商铺、房屋被砸毁。人们在走投无路之下，只能通过这种暴力行为来宣泄自己的痛苦和不满。

这种在大城市发生的暴动更是很快传到了日本各地。虽然最后被镇压了，但大盐平八郎的武士出身，却让很多人意识到就连武士阶层也已经对现状不满。德川幕府的路该如何走，已经成了一个无解的难题。

第三章 天皇与军国主义

商人与士族的地位转换

任何一个对历史有所了解的人都知道，在中国历史上“士农工商”的地位排列中，士在最顶端，而商人的地位属于最末。整个东亚文化圈，其实都深受这种思想的影响，就算是在日本，商人的地位也是非常低下的。而在更久远的历史中，应该说只有贵族才有一定的地位，其他人都属于毫无地位的阶层。

所以进入德川幕府时代，从 18 世纪初开始，商人和士族之间开始逐渐有了地位的转换，就让很多人无法适应。

之所以会出现这种变化，是因为商品经济在日本的影响力越来越强。在过去小农经济的影响下，拥有土地和劳动力的人才算是拥有财富，而这两样都握在士族手中，一开始只属于贵族，后来渐渐转移到贵族与武士手里，总之是没有其他人的份。

但在商品经济的影响下，土地之外的东西开始渐渐显露出价值。比如棉花桑蚕的引入，让人们意识到养蚕缫丝、种植棉花或者茶叶比种地能带来更多的金钱和回馈，而蚕丝、棉花可以织布，茶叶在烘焙之后能够卖出更高的价格，于是越来越多的农民开始转变为手工业生产者。

一个更大的市场开始建立，而在这种自由竞争的市场环境下，必然会有一部分人脱颖而出，成为拥有财富的大商人和地主。社会财富终于从统治阶层流出来，在商品经济的市场上转移到新兴商人地主的手里。

虽然根据幕府的土地管理政策，领主的土地是不能随意买卖的，但俗话说得好，“有钱能使鬼推磨”，又有俗话说，“只要锄头挥得好，没有挖不动的墙脚”，在拥有财富的商人面前，总是有漏洞可以钻的，所以他们往往通过抵押的方式进行土地兼并，成为新兴的地主阶级。

这种钻法律空子兼并土地的方式在当时有多流行呢？根据记载，在明治维新前期，全国有将近三分之一的土地都是通过这种方式质押出去的。这说明至少有三分之一土地的主人是属于新兴阶层的富商或者地主，可见这股力量是多么强大。

这些在原本的贵族和武士阶层之外逐渐崛起的新权力阶层，不仅手里有钱，而且渐渐有了地。有了土地，他们就有了人，也就有了一定的武装，实力越来越不可小觑。在德川幕府后期，幕府常常面对财政紧缺的情况，甚至要向豪族商人低头借款，可见当时商人的地位已经得到了足够的提升，与士族平起平坐了。

伴随商品经济的不断发展，这些人出现是符合历史潮流的，所以即便德川幕府曾经通过各种方式想要打压，但都没能掐灭新兴阶级的发展。他们的财富积累与进行手工生产或买卖贸易有着密切的关系，这一点是与过去截然不同的。

在近代历史上，不管是中国还是日本，商品经济的发展与手工业的发展，尤其是棉纺织业，有着密不可分的关系。最早的工厂都是出现在棉纺织业，而且一定是在经济比较发达的地区。这种家庭手工作坊的出现，标志着资本主义的萌芽。在德川幕府的时代，大阪就是棉布批发商的聚集区。农村的农民们种植棉花、纺织成布品就会卖给这些商人。有些商人为了扩大收购能力，甚至还会租赁给农民纺织机器，这样他们就可以更好地实现种植纺织一条龙。在这个过程中，商人已经成功地从封建时代的普通下层百姓，转变成资本主义形式的资本家。一提到资本家，相信大家就能意识到他们掠夺资源、积累财富的速度有多快。所以在当时的日本，拥有巨额财富的资本家们很快就对幕府的财政有了不可取代的影响力，甚至可以操控政局。他们成为幕府、贵族和武士世家背后最大的债主。毫不客气地说，大阪的富商在家里打个喷嚏，都要有许多大名殷勤前来询问他的身体状况。

士族和商人之间，曾经天地悬殊的地位关系，就这样在悄无声息之间发生了变化。

内外交困的封建社会

对于幕府领导下的封建统治阶级来说，他们面临的境遇恰恰与新兴阶层相反。新兴阶层在商品经济的潮流中，可谓是顺风而行，而想要抵抗这股大潮的封建地主阶级面临的是内外交困的境况。

首先，幕府的统治依赖于武士阶层，在过去的封建社会模式下，武士们过得相当滋润，名下有足够的土地，也有足够的收入。但商品经济的不断发展，必然造成通货膨胀，在这种情况下，即便武士的收入没有下降，但当社会其他阶层的收入普遍提高后，他们的实际购买力就肯定下降了。

更不要说幕府和各地大名往往因为在商人那里背负巨债，就挖空心思通过开源节流的方式来还债。他们不会削减自己的用度，只好将这种负担转嫁到农民和底层武士身上，所以大量武士的收入不断减少。在这种情况下，很多武士不得不转行，不再继续传统的武士工作，比如管理土地或者充当保镖，而是加入商品经济的大潮中，成为手工业者或者是商贩。

还有的武士直接就流落成为失去士族籍贯的日本浪人，或者向商人低头，成为豪商的下属或者养子。

武士阶层的崩溃直接导致幕府的统治基础不再。而这些武士们正是因为见证了幕府的逐渐没落，所以才希望进行积极的改革，后来的明治维新的推动者大多数都是这些中下层武士。他们就相当于中国的士族阶层，因为曾经具有一定地位和财富，所以有良好的受教育状况和眼界，又因为曾经是统治阶层，所以明白改革的重要性，加上他们对武家社会还有一定的归属感，所以更愿意通过改革而不是推翻统治的方式来建立更好的未来。

除了武士之外，农民也因为幕府的财政情况而感受到更深的压迫。当各地大名与幕府缺乏财政税收的时候，就会通过增添税负的方式来解决一时难题，这从长远来看就是杀鸡取卵。大量的农民因为交不起税赋而失去自己名下的土地，只能为地主打工，受到越来越重的压迫。加上天灾人祸频频，平民生活感觉不到希望，所以起义非常频繁。

在德川幕府后期，直到明治维新之前，短短不到百年的时间里，日本境内爆发了上千次的农民起义。这些起义也许规模不大，对封建地主阶级的统治起不到非常强的冲击作用，但已经预示着国内的形势越来越严峻了。

在这种情况下，德川幕府还面临着更加严重的外部压力，可以说是处在非常无助的内外交困状况下。进入 19 世纪，西方资本主义国家的扩张之路变得越来越远，以中国和日本为中心的东亚地区，已经成为他们扩张殖民的最后一站。他们对于东方的向往以及贪婪的野心，在强大的武力支持下，变得越来越明显。

最终，日本在抗争无效之下和美国为首的西方各国签下了各种不平等条约。签下这样的条约，就意味着将对人民有更深的压迫，这一点中国通过自己的血泪史深切证明过了。日本也是一样，在西方国家的倾销中，国内物价飞涨，大量劳动者失业，作为重要战争储备的黄金不断外流。经济像雪崩一样迅速下滑，下层劳动人民和武士的生活越来越艰难。

这些都预示着，如果不改变社会将滑入更加困苦的深渊中。

《这样可好了》·一首歌改变社会

这一节我们要说的是一首歌改变了日本社会。

当然，一首歌并没有这样强悍的力量，它也许能够改变一个人，但很难真正改变一个政权，乃至社会。但这样的民间歌谣感染了许多人，唱出人们内心深处真实的想法时，也就意味着它反映出了社会现状。而受到社会现状的冲击，难免有一些人会去思考，会想着如何改变，如何变得更好?

在德川幕府的后期，就曾经出现过这样的歌谣。

我曾经说过，德川幕府存在一个非常尴尬的状态——历任领导者似乎都缺乏一定的运气。其实表面上是他们运气不好，实则是德川幕府的统治既不顺应天时，也没有地利和人和，处在一个社会转型的尴尬时期，所以它注定要被人推翻和改变。

在内部矛盾尚未解决的时候，统治阶层又面临着外部压力。和以美国为首的西方列强签订了一系列的通商条约，表面上是与他们进行经济往来，实则这种经济往来是完全不平等、不公平的，相当于是将日本市场完全敞开，日本人民却不能从这种经济往来中获得利益。

也就是说，这场国与国为主导的经济大战中，日本吃亏了。亏的钱从何而来呢? 当然不可能是幕府的领导者和高级武士、贵族掏这笔钱，所以这种压力只能转嫁到中下层身上，尤其是农民，承受着越来越多的税负和重大的压力。

越来越多的农民失去自己的土地，过着温饱不济的生活。平民的思想其实非常简单，他们没有那么多顾虑，既不会因为身份拉不下面子，也没有那么多关心国家的心。所以他们未必明白德川幕府的压力和社会现实，他们看到的是一个腐败统治的政府，一个官商勾结欺压百姓的社会，一个毫无出路的未来。

当这些农民无路可走的时候，起义就爆发了。1865 年到 1867 年之间，因为与所在地的领主产生矛盾，质疑土地所有制的起义多达近两百次。而在城市当中，平民也深受富商们囤积居奇导致粮食涨价的影响，爆发了几十次起义。

在这种风潮之下，一首反映平民阶层的讽刺之歌《这样可好了》开始流行起来。人们唱着这首反映内心悲愤的歌曲集合起来，冲击幕府的基层机关，表达内心的不满。

歌曲的影响往往是深入灵魂的，唱着这首歌就像是给这些走投无路的平民找到了方向，所以这次暴动影响的范围很广，最后波及全国。这首歌谣也唱进了中下层武士的心中，他们开始思考如何改变现状，开始思考一条改革之路，这就埋下了明治维新的萌芽。

如此，我才说是一首歌推动了日本社会的改变，让德川幕府的统治进入了倒计时阶段。

黑船一亮相，天皇闪亮登场

前面我们介绍过，在德川幕府的统治之下，天皇朝廷已经完全被排除在权力中心之外。德川幕府还专门制定了规则，用意就是敦促天皇和贵族们专心学术，不要没事想着争权夺利。

于是不管是主动还是被动，天皇与贵族过上了赏花吟诗的风月生活，根本不沾世俗铜臭。但这样的情况显然不可能长久，尤其是在整个社会动荡不安的时候，伴随着美国军舰敲开日本东京湾的大门，天皇重新露面的机会也越来越近了。

在日本历史上，美国军舰驶入东京湾，是明治维新的导火索。1853 年，美国东印度舰队的四艘黑色军舰破开日本东京湾的防御驶入港口，他们送来了美国总统的亲笔信，约好在第二年春天的时候得到幕府关于日美通商的回应。

像其他西方国家一样，美国也搞了一次先礼后兵。只是这次看似礼貌的拜访中，他们也不留痕迹地显露出自己的兵力强盛。至少日本举国上下都沸腾了，这四艘黑色军舰让他们深深意识到自己的海军力量，乃至整个国家的实力，都已经远远被抛在了后面。所以这次事件又被称为“黑船事件”。

黑船事件之后，德川幕府背负着巨大的压力。他们明知道这次通商带来的后果是巨大的，但是又无法拒绝，一不小心就容易成为千古罪人。幕府当局无法独自承担，一时间六神无主，做出了一个对他们而言是错误，但对日本历史而言却相对正确的决定。

在这种危难的情况下，他们不自觉地想到了内心的精神领袖——天皇。别看平时幕府的领导者不把天皇当回事，但在关键时刻，还是需要天皇这位全国人民景仰的领袖出场，才能够承担起这次事件的后果。所以这一次，幕府破例向天皇禀报了这一政治事件，除了寻求天皇的意见之外，还向各地大名发函商议，试图将压力转嫁出去。幕府这种没有担当的行为，在短时间内是减少了他们的压力，但也给了天皇重新回到政治中心的机会。

天皇终于又可以名正言顺回到政治舞台了。

一开始，天皇和大名们商议的结果是拒绝签订这一条约。毕竟明眼人都能看出，签了这个条约，就是吃亏上当，只不过拒绝也要承担一定的风险和后果。天皇虽然有勇气拒绝，但承担风险和后果的可不是他，而是幕府冲在前面，所以当时的幕府大老并不赞同这一想法。

平时独断专行惯了，所以幕府并没有重视天皇和大名们最终的决定，擅自在条约上签了字。不仅如此，他们还逮捕了大量的反对派人士并处死。

然而幕府似乎错估了反对派的实力，很快制造这场动乱的领导者井伊直弼被刺杀，幕府的专制统治在这一次终于不管用了。自此开始，德川幕府的统治几乎就算是画上了句号。

反对派的下层武士逐渐集合起来，形成了一个以“尊王攘夷”为口号的新派系，希望统治者能够在对外时表现得更加强硬一些。

然而要表现得强硬，也要有足够的实力才行，下层武士没有意识到当前日本的紧迫情况，幕府和天皇朝廷却知道他们可能没有拒绝的权利。天皇与幕府意识到，现在的政局已经相当混乱，不再是公家朝廷或者武家朝廷能够单方面解决的问题。所以他们决定联合在一起，首先，当时的孝明天皇将自己的妹妹许配给幕府将军德川家茂，然后联合在一起，打退了“尊王攘夷”派。

在这一场活动当中失败的下层武士们立刻调转枪口，从原先宣告的“尊王攘夷”转向“尊王倒幕”，准备先干掉幕府再解决外来侵略的问题。因为这些不同藩领地区的武士是自行组织起来，一方面反对幕府统治，一方面抗击西方侵略，却在和西方的较量中屡受挫败，所以他们也发现“攘夷”暂不可取，得先关起门解决内部矛盾。

这些结论一致的武士群体逐渐联合起来，发动武装暴动讨伐幕府，这股势力越来越大，最终形成了一个新的政府。

当时的幕府将军德川庆喜并不希望这种现象继续下去，所以跟新政府之间产生了激烈的交战，然而最后失败了。挣扎之后，幕府最终还是选择了投降。1868 年，德川幕府的统治彻底结束，一个以改革派为中心，围绕着天皇建立的新政府出现了。

大名鼎鼎的“明治维新”

1868 年，日本明治天皇建立了新政府。新政府中全是锐意进取的改革派，因此由天皇主导的“明治维新”就这样拉开了序幕，一个君主立宪制度的国家在日本建立起来。

美国的黑船不仅打开了日本的大门，也让许多日本人意识到过去的小农经济那一套现在已经不适用了，工业文明和资本主义发展，让西方国家将日本远远甩在了后面。他们不仅落后，而且落后了很久。

在这种情况下，由改革派所组成的新政府围绕在天皇的身边，开始了由上自下的改革。这一次，幸运似乎在天皇这边，明治维新的改革非常顺利，通过这一场彻底的近代化政治改革，日本建立了君主立宪制，也彻底抛弃了不合时宜的封建制度，从落后守旧当中走了出来，硬生生在世界强国之中，找到了属于自己的一席之地。

明治维新的改革涉及多个方面，首先颁发了政治上具有一定引导作用的《五条誓文》作为纲领，并将原本作为首都的江户改称为东京，改年号为明治。1869年，明治天皇的政府班子强硬划分了新的区划，原本以大名领地为中心划分的藩领制度，改为更具现代化意味的府县制，并且在阔别了几百年之后，又重新建立起了中央集权，保障一切权力属于天皇。

相对于过去的天皇来说，明治天皇可谓是赶上了最好的时代，重新让天皇的地位在日本变得至高无上。

经济上的改革对百姓的影响是最为明显的。以天皇为首的领导者们显然意识到了工业化的重要性，为了提高生产力，开始在日本推动工业化浪潮，以学习欧美为第一要务。除此之外，还统一了货币，建立了第一个属于日本的国家中央银行，同时取消了垄断的商业组织，避免出现垄断导致的物价不平衡，这让日本的工商业在一定程度上得到了迅速发展。由上到下，日本民众不仅学习西方的技术，还拥抱欧美的思想，所以日本的社会生活逐渐变得西方化。这让人们的思维模式也逐渐变得更加开放，与西方社会融合得更好，使日本成为亚洲第一个实现工业化的国家，不仅将自己的老邻居、竞争对手们甩在了后面，还很快赶上了西方的脚步。即便到现在，明治维新的影响也依然存在，至少当前的亚洲，日本是唯一的发达国家，这与他们早早进行了近代化改革有密不可分的关系。

在社会体制上，原本以“士农工商”为划分方式的身份制度已经完全不符合当时的社会需求了。新的制度将与皇室有一定血缘关系的人划分为“皇族”，而过去身份比较高的贵族大家族则是“华族”，曾经煊赫一时的幕府家臣和各地方大名的臣子则是再次一等的“士族”。除此之外，其他的平民不管是从事农业、手工业还是商业，都统称为“平民”。在这之前，日本的普通民众一直有“良民”和“贱民”之分，不仅仅在“士农工商”上有等级，“良民”和“贱民”也是天差地别。但在这次改革之后，至少在形式上已经不存在“良贱”之分了，而且实现了平民阶层的“劳动不分贵贱”。

虽然这样的等级划分还残留着一定的封建因素，但过去不同等级之间，人们不可交往、不能通婚的传统被打破了，即便是华族、士族和平民，也可以进行友好往来，这在过去是完全不可想象的。

而曾经属于华族和士族的土地与俸禄也通过各种补偿方式，逐渐从他们手中收回。这基本上解决了幕府时期存在的“世卿世禄”的现象。虽然华族和士族一次性从政府那里获得了补偿，但也意味着他们未来不可能再无条件地领取俸禄，包括他们的子孙也不再享有出生就有“铁饭碗”的待遇。

在明治维新时期，依然在思想上宣传武士道精神，同时在军队上花费了大量的投入。这本是为抵抗外来侵略，建立一个更加有实力的政府，却未曾想在后来走上了军国主义道路。

除此之外，明治天皇还深谙“要想富，先修路”的道理，在全国改善交通，投入了大量的人力物力建设公路和铁路。直到现在，日本公路交通的发达程度都是世界领先的，不管你身处何地，又想去何方，几乎都能够找到一个非常方便的乘车路线，由此可见日本公路交通的发达。

可以说这场涉及方方面面的维新，从根本上解救了日本衰亡的危机，让日本从一个落后国家迅速转型，跟上了发达国家的脚步。

高呼自由和民权

拥抱西方的技术，也拥抱西方传来的思想，让人们逐渐意识到自由与民权、独立和平等的重要性。

在德川幕府后期，以幕府和天皇为代表的政府曾经与西方列强签下了许多不平等的通商条约。在明治政府上台之后，通过改革不断积攒自身实力，也积极地想要修改这些条约。当时明治天皇派出了右大臣岩仓具视，他领导着一众官员去美国和欧洲各国访问，试图通过友好协商解决或修改遗留的条约问题。当然，结果不可能如此顺利，已经签下的条约，就相当于已经吃到嘴里的肉，欧美列强又怎么可能轻易吐出来呢？不过这一趟出使，虽然并没有改变条约的结果，却让这些访问者认识到了欧美各国到底已经发展到了怎样先进的状态。

睁眼看世界之后，他们才意识到自己的故步自封，明白只有自己先富强起来，才能够真正让日本在列强当中寻求到一个平等独立的位置。

当他们回来之后，这些留过洋、喝过“洋墨水”的官员就与留在国内的保守派产生了矛盾。因为没有看到外面的情况有多么严峻，所以保守派面对日本国内的压力，首先想到的解决办法就是——打朝鲜！打下朝鲜就有钱了！他们又被称为“征韩派”，这一派认为，只要征服了朝鲜半岛，日本的实力就能更进一步，再不会受到欧美列强的压迫。

显然，他们没有意识到自己已经落伍了。所以这些落伍的人也意料之中地被留洋派挤出朝廷，被迫辞职下野。

下野之后，“征韩派”成员走上了两条道路。其中一派坚持与新政府斗争，通过手中的武士兵力，孜孜不倦致力于给新政府添麻烦，时刻小动作不断，经常爆发局部冲突。后来不出所料，他们逐渐都被解决了。

另一派则不同，他们意识到新政府走了一条正确的路，但是最大的问题就是过于专制，所以抓住这个问题，这一派开始大做文章。他们组建了强调“天赋人权”的新党派要求新政府如同欧美国家一样，通过人民选举议员，建立一个民选议院。这个提议非常戳人痛处，天皇为首的朝廷不是要学习西方先进思想吗？那这种民主也是应该学习的。而一旦建立了这种民选议院，就给了这一派下野官员重新回到中央的机会。

这一新党派存在的时间并不久，但是他们提出的这种自由与民权的观念，却符合当时人们的需求。很快，全国各地都出现了各种以强调自由民权为中心、要求天皇政府给人民选举权的社团。在这些政治团体的倡导下，民权运动开始在日本轰轰烈烈兴起。

好在明治天皇是一个非常善于接受建议的天皇，他意识到这些团体的存在必有其道理，民权的呼声已经成为一个趋势与潮流。所以为了解决这一问题，防止天皇统治动摇，他并没有一味打压，而是顺势建立了立宪政体。首先，天皇废除了曾经的左右院，建立了元老院和大审院，还见到了民权运动的重要人物板垣退助，希望通过这种妥协的方式，让民权运动自动瓦解。

这就像过去招揽反叛军头子一样，在朝廷里给他安排一个官职，反叛军就顺利归顺，不再作乱了。相信天皇绝对是这样想的，然而民权运动的火苗一旦燃起，就不是那么容易扑灭的。

人们已经意识到新时代的文明就是人人平等，当时涌现了一些极为著名的启蒙思想家，里面不乏朝廷高官与士族。在他们的极力推动下，人们逐渐从民权运动中看到了一个更加美好的未来，自然不会轻易妥协。1878年，以立志社为代表的众多民权社团召开了全国代表大会，向政府提交了请愿书，要求召开国会。当时参加的民权社团有两百多个，这意味着曾经只在局部地区发展的民权运动已经蔓延到了全社会。在这种压力之下，即便明治政府并不想将权力分给他人，也不得不逐渐接受，最终决定在1890年正式开设民选议院。

从此之后，明治政府官方承认各种政党，并可以在国会中进行政党活动。比如1881年，自由党成立；1882年，立宪改进党成立。虽然一个国会的雏形已经渐渐出现，但两党人员似乎都在忙着内部攻击，并没有完成人民对他们的期待，所以激进派还是斗争不断，到处依然盛行民权运动。当然，明治政府也始终注意着运动的发展，将其控制在了一个没有脱缰的范围内。

即便曾经的民权政治团体逐渐解散，但在社会各界的推动下，民权运动从来都没有停止过。不管那些推动者们到底是为了自身的利益，还是为了国家的利益，是出于私心还是公心，民权运动的发展始终是对日本有积极意义的。正是民权运动不断替人民发言，日本政治体制的现代化才能越来越完备。

亚洲第一部宪法诞生

亚洲的第一部宪法就是在民权运动的过程中由政府颁布的。就在民权运动最激烈的时候，明治政府迫于无奈承诺要召开民选议会，同时制定一部符合当时需求的宪法。立宪活动对于政府来说具有极为深远的意义，为此他们并没有仓促行事，而是专门派遣当时尚未成为首相的伊藤博文去欧美各国深入考察。

由于当时的德国也是君主立宪制，而且还是君主立宪为基础的专制政体，符合当时日本统治阶层的需求，所以他们就以德国的宪法为蓝本，建立了日本宪法。在制定宪法的同时，明治政府也不忘为自己的统治多添几个砝码，比如扩大皇室的财产范围，让皇室更加富有，从而使天皇在经济上更具有实力，可以始终把握住权柄。除此之外，还加强了华族的权利，让围绕在天皇身边的特权阶层更上一步，拥有一定的发言权。这种情况下，即便建立了宪法，表面上是走向了和谐民主，天皇和贵族们也依然具有绝对发言权，可以算是各退一步。

除此之外，传统的官制也改为内阁制，领导者为总理大臣，和其他各省大臣组成内阁。

通过这一系列铺垫，1889 年天皇正式颁布了当时的宪法，被后世称为《明治宪法》。

宪法第一条当然不是天赋人权，而是强调天皇的地位不可动摇。在天皇所制定的这部宪法中，强调了所有的权力都归于天皇，天皇不仅可以总揽统治权，还拥有司法权，可以决定各行政官员的任免，同时也统率着全国的军队，除此之外，天皇还享有宣战或缔结条约的权力。

也就是说，谁当上天皇谁就可以将军事外交、行政司法一把抓。这已经是极致的中央集权制了，不过因为还有内阁和民选议会的存在，所以天皇也不能任意施为。

除此之外，宪法还规定了国务大臣的职责，要求国务大臣对天皇负责，同时又由天皇任命。所以这就注定了天皇的内阁必然是围绕在天皇身边、始终心向天皇的，避免了大权旁落。

宪法也规定了日本帝国的议会是两院制制度，分别为贵族院和众议院。贵族院只有一定地位的皇族和华族才能参选，众议院则由选民推举而成，同时一定要具备足够的财力。

《明治宪法》是亚洲真正意义上的第一部宪法。在宪法中，将一切权力都划给了天皇，从制度上保障了天皇的至高无上。根据日本的文化和传承，天皇具有神性，所以才能成为精神领袖，而代价就是他不能过多地参与政治活动，因此大多数的政治立场都是天皇身边的贵族或者官僚发表的，所以表面上是君主立宪，实则是寡头制，名义上建立了内阁，实则并不是真正意义上的民选内阁，也不具备党派性质。

但即便如此，亚洲第一部宪法还是诞生了，这已经是一种可喜的进步。

向外扩张的“小心思”

前面说了，在自由民权运动开展之前，日本政府内部其实有两派不同的声音。一派就是留过洋的官员，赞成先发展内部，等国家足够富强了，再去讨论平等独立的问题；还有一派，就是秉持着一贯的思想，只要缺钱了，就去邻国抢，希望通过征伐朝鲜半岛来实现扩张，提升日本的国力。

虽然这两派在当时吵得不可开交，但是我们必须意识到，他们本质上都赞成对外扩张，只是在态度上是有先有后。所以，就算主张内部发展的这一派获胜，也不代表朝鲜半岛就没有了被攻伐的危机，只不过是多得几年安宁罢了。

1874 年，日本第一次找到对外扩张的机会，当时他们想要攻占中国的台湾。结果日本军队登陆台湾之后，发现不仅本地的抵抗非常强硬，清政府也及时又从福建派遣了军队。双方僵持不下，远道而来的日本军队感到进退两难，最终没有办法被迫选择求和。

在这次事件上，我们不得不鄙夷当时清政府的选择。明明是日本政府最为被动，所以他们求和的心态是最急切的，没想到清政府被人欺负惯了，所以竟然也急着求和！前来谈判的大久保利通意识到了清政府的这种心态，同时利用清政府好面子的缺点，以请求清政府抚恤为名，从清政府这里得到了 50 万两白银。

这下就坏事儿了，可以说直接刺激了日本的野心。也许对于清政府来说，这笔钱根本不算什么，就是花钱买个舒心，避免被这些“小事”困扰。毕竟他们当时还“欠”着英国上亿两白银呢，实在是虱子多了不咬，债多了不愁。

但对日本政府来说可不一样，这意味着他们第一次对外扩张，本来以为要被教训一通，没想到还得了好处。50 万两白银也许不算什么，但让明治政府摸清了清政府的心态和软弱，可以说是在危险的边缘试探成功，于是他们接下来的行为就越来越过分。

明治政府先是派遣军队占领了琉球群岛，并将其改名为冲绳，此时清政府也毫无办法，只敢严正抗议——显然，这副毫无底气、张牙舞爪的样子，早就被明治政府看透了，他们压根儿就没有搭理。

然后明治政府开始试图与朝鲜建交。朝鲜也意识到，无事献殷勤，非奸即盗的明治政府不安好心，所以多次拒绝。日本方面就最终决定以武力威胁。1876 年，日本政府在和朝鲜的交战当中胜利，强迫朝鲜签订了《日朝修好条规》，要求朝鲜接受向日本开放港口等一系列不平等条款。

这一条约对于日本政府来说，有着极其重要的意义——以前都是他们被迫与西方列强签订不平等条约，现在他们终于可以从这种条约当中尝到甜头了！他们不仅学会了西方的技术，学到了西方的思想，也学到了西方的军国主义路线。

从此日本对外扩张的小心思就压不住了。先是当时的陆军大臣奏疏天皇，以清政府作反面例子，生动形象证明了如果军力不强，将会遭到怎样的压迫。天皇早就因为这个邻居遭受的倒霉事而感到心有戚戚，这封奏疏简直是说到了他的心里，所以在日本军队上的投入是一年比一年多。

而遭受压迫的朝鲜抵抗不断，军民始终坚持反抗日本，这种反抗也刺激了日本加强军国主义建设的想法。越是战事频频，他们就越是注重军队势力。虽然在清政府的协助之下，朝鲜最终成功将日本从自己的国土上赶了出去。但次年2月，日本就通过各种手段胁迫清政府签订了《天津条约》，再一次获得了对朝鲜的干预权和控制权。

在当时，日本和中国其实都有同样的有识之士看到了独立、发展的重要性，也意识到对外扩张的思想是多么横行。但在清政府的领导之下，有着广阔国土的中国自顾不暇，加上天朝礼仪之邦的思想影响，让清政府并没有对外扩张的想法。而日本则恰恰相反，狭小的领土和岛内缺乏资源的情况，让他们在历史的各个阶段都一直有对外扩张的冲动，而明治维新之后国力的上升，让他们的这种想法变得更加赤裸裸。

军国主义分子开始在日本的报刊上鼓吹“脱亚入欧”的思想，提出“日本要与西方先进国家站在同一阵营，脱离尚未开化的东亚”。除此之外，还要建立所谓的“东亚圈子共同发展”，鼓吹保卫“利益线”的理论。在这一理论当中，日本本土属于主权线内的土地，这些人认为仅仅保卫主权线并不能起到保卫日本独立的目的，只有保卫“利益线”，才能让日本在独立的过程中，快速发展繁荣起来。日本的所谓“利益线”究竟划到了哪里呢？反正不仅仅是日本本土就是了，他们的这一番言论就是赤裸裸地瞄准了朝鲜半岛。

就此，日本基本上就奠定了未来对外扩张的基调。

迫不及待参与“一战”

说到日本对外扩张的心思，罪魁祸首除了日本自己和当时西方国家对外扩张的思潮和行为之外，我认为还有一个重要的原因，那就是清政府的软弱。在东亚的圈子里，日本其实一直对中国“爱恨交加”，在过去的几百上千年里，他们多次与中国进行过明里暗里的交锋，基本上是输多赢少。这个幅员辽阔、文化繁盛的强大国家，不管经历了几朝几代，都是日本难以企及的竞争对手和学习的对象。正是因为历朝历代中国都能够压着日本，成为名副其实的东亚，乃至世界第一国，所以日本才不敢有什么小心思。

但当时清政府对外实在是太软弱了，其实凭借它的实力，虽然未必能打得过欧美列强，但胜一个日本应当是有可能的。但清政府怕了、退缩了、妥协了，就是因为这种妥协让日本政府意识到过去的东亚之主已经没落了。东亚没有一个确定的领导者，既然如此，自然是能者居之，加上当时的扩张思潮，就迅速养大了日本的胆子。

原本他们主张的是内部修养，对外战争往往是避之不及，但伴随着日本政府的一系列改革，休养生息，国力逐渐强盛，所以在第一次世界大战爆发时，日本立刻迫不及待表达了自己的态度——不仅要参加，而且还要积极参加。

他们认为这是一次千载难逢的机会，可以确立日本对于东亚地区的领导权。说难听一点，其实就是第一次世界大战让日本看到了浑水摸鱼的机会，欧美列强都将目光瞄准了中国这块“肥肉”，没心思去啃日本这样没滋没味的“骨头”，所以就让日本有了顺便在里面捞一杯羹的小心思。加上当时的日本有地利之便，军力也逐渐强盛，所以更是有恃无恐。

就这样，中国山东被日本攻占，原本属于德国的租借地，又成了日本的地盘。日本政府还试图通过这次机会彻底打压中国，就连哄带骗，希望当时掌权的袁世凯同意“二十一条要求”。

“二十一条”是五四运动的导火索，也是五四运动时进步青年第一个反对的条约，因为人们都看明白了日本“二十一条”背后的狼子野心。一旦签订了这个条约，沿海地区的全部港湾岛屿只能租借给日本，名义上是租借，实际上就是被日本殖民，就连政治财政和军事上的领导者也要聘任日本人，就差一点说让日本政府接管中国的领导权利。如果真的签了，日本将不费吹灰之力将中国变成自己的殖民地，让这一片广阔的土地成为第二个朝鲜。所以中国人民没有答应，袁世凯政府也没敢签订这个条款。

虽然中国此次并没有让日本的侵略目标实现，但日本的目标显然也不止这一个，他们连俄国都有所觊觎。说起来真是三十年河东，三十年河西，当年沙皇俄国将日本打得落荒而逃，不得已让出了权利，而“十月革命”之后，日本就利用俄国顾不上西部的契机，开始向俄国扩张。

1918 年，日本出兵西伯利亚，从海参崴出发，占领了大量的土地。铁路沿线插满了日本的国旗，成为他们在第一次世界大战当中获得的最大利益。

除了对外扩张之外，参与第一次世界大战也给日本在经济上带来了一些有利影响。第一次世界大战让许多欧洲国家自顾不暇，全部卷入战争之中，所以他们已经来不及对亚洲进行商品倾销了。不仅如此，他们还因为军需品的需求过高，不得不从日本订购。尤其是来自于俄、英、法等国的军需和生活品订单，让日本的产品实现了出口的大幅增长，不仅不用受到倾销的危害，反而可以在出口当中获得大量利润。

就这样，日本的产品开始大量出口，还趁机将欧洲在东亚和东南亚地区的市场全部取代，让日货成了新的潮流。1919 年，五四运动中人们反对日货的呼声，也可以侧面窥见日本的海外市场已经扩展。

日本可以说是利用这场战争发了一笔大财。在战前，不管是因为签订的条约还是其他原因，日本政府负债超过 12 亿元，而战争之后仅短短几年时间，日本就成为拥有将近 28 亿元债权的“债主”，前后差异之大，令人瞠目结舌。

内阁的出现

前面我们说了，在民权运动之后，日本就已经建立了内阁。但是日本的内阁其实是换汤不换药，还是由贵族和高层在领导。就如同当时德国的体制一样，这是君主立宪的专制制度，政权还是掌握在几大寡头手里。

伴随着资产阶级的逐渐发展，爵位与贵族的身份变得不再那么重要，平民和有一定财产的政治家的地位此消彼长随之升高。终于在 1919 年，日本出现了第一个真正意义上的内阁——原敬内阁。

以原敬为中心而组成的内阁，有着其非常独特的意义——作为内阁总理的他，并非拥有爵位的华族，而是实实在在的平民出身，是依靠在立宪议会当中拥有更多的席位，是多数党的领导人，才最终成为内阁总理。

原敬内阁的上台，其实是各方势力竞争之后的一种妥协，是偶然之中的偶然。也就是说，本来不应该轮到这位没有爵位的平民政治家上台并组建班子，但是其他人在竞争当中难分胜负，所以各退一步，由他来做内阁总理，谁也不吃亏。

原敬内阁充当的就是这种平衡的角色，在各个党派和实权者之间，扮演老好人与润滑油，但这并不意味着他们没有贡献。

虽然面对当时呼声较高的普选需求，他们并没有通过和赞同，但是也进行了妥协，先是增加了执政党在议会中拥有的席位比例，让执政党派具有更大优势，又降低了参加选举的财产要求。后者意味着能够参与选举的将不再仅仅是大财阀，这个范围进一步扩大，更多人拥有了选举资格。这一措施让各界群众看到了普选的期望，所以在后来普选运动越来越频繁，最终人们也实现了这一目标。

原敬内阁的出现，让政党的地位变得更加重要。人们意识到，政党的力量足以打破华族、财阀专权统治，可以从他们手中获取权力。而以选举制为基础的政党，显然更符合民主自由的呼声。

所以在这一趋势下，通过选举而形成的众议院和政党内阁开始逐渐独立起来，跟不必选举、只需要出身的元老院、军部对立，几乎形成了两个政府。在对峙中，这种特殊的双重政治结构维持了很长时间。

原敬内阁的存在显然是一种进步，但也意味着挡了许多人的路。所以 1921 年，原敬被保守的右翼分子刺杀，内阁名存实亡。但当时趋势已成，保守派再多挣扎也无法与历史潮流抗争，所以全国各地的群众运动和民主运动接连不断，各阶层人民都积极参与政治活动，不同的政党也如雨后春笋一般不断涌现。

资产阶级政党作为新生的力量，逐渐在争斗当中占据上风，获得了更多人的支持。以“护宪三派”为领导的新政党在大选当中获胜，组成新的内阁后就通过了普选的法案。所以自 1925 年开始，日本全国的平民，只要是成年的男子，均有选举权，而在众议院中获得最多席位的政党，就可以组建新的内阁，这也成为一种传承下来的惯例。直到后来军国主义和法西斯主义思想蔓延全国夺取政权之前，这种较为民主的组建方式一直存在着。

经济危机下的更大危机

在“一战”之中，日本借欧美国家忙于内斗的机会，大发战争财，终于从一个较为落后的国家逐渐强盛起来。然而幸运不可能永远笼罩这个国度，在“一战”之后，日本经济就始终处于萧条状态。

此时的内阁总理为滨口雄幸，为了解决社会经济遇到的种种问题，以他为首的内阁推行了一系列改革，通过各种开源节流的方式，实行紧缩的经济政策，希望能够减缓日本经济衰退的状况。但“一战”后，一场席卷世界的经济危机爆发了，这个始于纽约的世界性经济灾难，持续长达 4 到 5 年，日本也不可逃避地卷入其中。在这种情况下，原本已经产生了一定效果的紧缩性财政政策，反而因为不适应经济危机下的社会发展，让日本的经济雪上加霜。物价过低，人们的消费需求减少，失业率逐年居高不下。在这样的大环境下，许多中小企业终于撑不住迎来了爆发式的倒闭潮。

企业的倒闭是一个恶性循环的信号，人们因为企业倒闭而失业，因为失业而紧缩消费，再因为消费需求过低使更多的企业倒闭……到了 1932 年，仅仅是企业工人，就有 50 万人失业，另有 200 多万人虽然尚有岗位，但没有实际工作，处于实际意义上的失业状态。

为什么每个国家在发展过程中都相当重视失业率，就是因为过高的失业会导致社会不稳定，也会拖垮整个社会经济。在 1930 年之后，日本因为失业率高，导致国民生产总值逐年下降，甚至在五年内就下降了将近 20%。虽然当时迎来了难得一见的农业丰收，但因为消费需求和市场的紧缩，农民种的粮食卖不出高价，赚的反而比过去更少，甚至处于赔钱的状态。而市场上对于这些农产品的需求也不高，真正该掏钱的人因为失业等原因没有钱买。总之，全国上下都陷入一个“穷困”的怪圈之中。

在自顾不暇的情况下，日本的出口也大幅下降。1931 年时，日本的出口额比五年前下降了 47%。这里面受影响最大的就是生丝出口。生丝出口贸易受到冲击，影响的可不仅仅是商人，甚至有动摇国本的隐患。

为什么这么说呢？因为生丝的获得与蚕茧养殖等有密切的关系，是当时日本重要的经济品类。生丝出口大幅降低，就会导致国内市场供大于求的状况，一时间生丝产品价格暴跌。暴跌之下，它的原材料——蚕茧也就跟着失去了价值，所以价格也突然下降。当时对于平民阶层来说，养殖蚕茧是重要的收入来源，当蚕茧不值钱了，意味着他们的劳动也就随之打了水漂，有近 40% 的农户因为无法获得预计的报酬而难以维持生计。

动荡时代，最遭罪的就是平民。即便是蚕茧价格较高的丰年，底层的平民靠着出卖劳动力，辛苦一年得到的报酬也仅仅只够维持生计，略有节余而已。所以一个小小的市场动荡，都可能让他们一年的辛苦血本无归，更何况是这样影响全国导致产业震动的大波动。

在经济危机之下，一个更大的隐患逐渐浮出水面，那就是社会开始动荡不安。底层的农民因为无法维持生计，不得不离开数代生活的故乡，选择逃荒，甚至是卖掉自己的儿女。而养蚕缫丝的主要劳动者往往是妇女，当蚕丝已经不再有经济价值时，妇女们的工作最先失去意义，走投无路之下，大量的青年女性靠着卖身换取微薄的收入补贴家用。

当时的情形到了多么严峻的程度呢？山村中平均 100 个青年妇女中就有大约 20 到 25 人被家人卖掉，30 到 35 人外出去富裕人家做女仆，或者干脆沦落成为女招待甚至妓女。大量的买卖之下，妇女的卖身价格越来越低，在有些地方甚至只值几日元而已。

而上流社会则不受影响，人们依然过着灯红酒绿的富裕生活，与民间疾苦形成了强烈的反差，也就导致阶级矛盾越来越大。在这种情况下，大量出身底层的基层士兵逐渐感到不满，他们形成了一股不稳定的势力。

此时，听到法西斯思想中“反对权贵”“拯救农民”这样的口号时，他们会不会动心呢？答案是肯定的，在这些希望获得更好生活解救家乡父老的青年士兵的推动下，一场隐含着法西斯主义的“革命”爆发了，历史上将其称为“昭和维新”。这场“维新运动”到底有没有真正解救日本的基层人民，也许答案并不统一，但可以确定的是，这场“维新”是日本法西斯政权登上历史舞台的重要导火索，也是在经济危机动荡之下所引爆的一颗最危险的炸弹。

对外侵略

以日本的情况说，一个体制一旦面临危机，可能引发动荡，往往就会转而进入专制独裁阶段，通过强有力的集中控制来打压反对派，避免出现最终动摇体制的情况。

当日本的资本主义统治面临危机的时候，上层统治者也渐渐倾向于建立一个独裁的暴力政权，以打压国内可能出现的各种声音，军国主义和法西斯主义就在日本逐渐流行起来。军国主义和法西斯主义有浓厚的对外扩张意味，支持者往往都对现有的国际秩序感到不满，希望能够通过战争或其他手段重新瓜分世界，并从中建立一个新的适合自己统治的秩序，以获得利益。

当时已经在对外扩张中尝到甜头的日本，国内对于军国主义和法西斯主义的信仰和呼声越来越高。上层领导者希望进行相应的改造，以军部为代表的一众官员并不认为当时的议会制度和政党体制对日本有好处，而是相信军国主义和法西斯主义式的独裁统治才能够真正使这个国家快速发展；下层民众抱有的军国主义和法西斯主义思维则是希望进行彻底的革命，他们不仅否定资本主义政府的存在，也反对当时的军部和上层领导者，希望在进行革命之后建立新的国内秩序。

二者虽然有不可调和的阶级矛盾，但在对外扩张这件事上却是目标一致。也就是说，不管日本国内的军国主义和法西斯主义派别怎么斗争，他们都觊觎着周边的土地，希望进行殖民扩张。

对外侵略的野心在逐渐增长，他们的眼睛不仅瞄准了东亚地区，瞄准了中国，还想将俄国乃至澳大利亚、东南亚和南亚都划入自己未来的发展版图中，通过发动战争的方式掠夺土地和资源。

可以说，当你听到他们的这番设想时，会觉得日本的军国主义和法西斯主义者胃口大到让人觉得可笑。但尽管他们做着别人觉得可笑的白日梦，自己却是深信不疑的。这让日本对外扩张的信心越来越足，而在后来发生的第二次世界大战中，你也可以发现——他们想象的未来也未必全是空想。

如果不是中国长达十数年的艰苦抵抗，不是世界人民对军国主义和法西斯主义的警惕和抗争，说不准日本当时对外侵略的狼子野心就真的实现了，即使只是暂时的。可见这股思想是多么可怕，对外侵略的野心是多么难以瓦解。

在这种野心的推动下，在接踵而来的经济危机导致的国内矛盾逼迫下，日本无法回头地踏上了暴力统治国家，暴力对外侵略的路。1930 年到 1935 年之间，军国主义和法西斯主义者党同伐异的刺杀事件频频爆发，从内阁总理到军务局长，从首相到大财阀，只要阻挡了他们的前行道路，无不遇到各种暴力刺杀和恐怖袭击。国内暴乱不断，他们还不忘将手伸到国外，在别国的土地上大肆制造侵略事件，比如 1931 年 9 月 18 日，日本制造借口出兵占领中国东北三省，建立了伪满洲国，这就是当时日本的一部分军国主义和法西斯主义者故意引发的战争。

他们之所以在国内外挑起各种各样的摩擦和战争，就是想通过既成事实的方式让日本政府接受，并让权给军国主义和法西斯主义团体。不论当时的日本政府到底支不支持他们的行为，反正他们已经先做了，利益也拿到了，政府自然是不点头也得点头。而且当时的日本军国主义泛滥，即便不是纯正的军国主义者，对于“维护日本的海外权利”也都是赞成的，所以说“睁一只眼闭一只眼”之下，就更容易上位了。

1932 年，日本海军大将斋藤实在军部的支持下，建立了新的内阁，意味着曾经走上正轨的政党内阁昙花一现，再次消失在政坛上。以军队的铁腕统治来引导国家，右翼分子开始逐渐活跃起来。日本在 1933 年退出了国际联盟，在 1934 年正式发表了新的宣言，承认了国家政权军国主义和法西斯化的合理性。

日本在国际上很快找到了几个同盟，当时的德国和意大利都被法西斯政权所领导，几个流氓一拍即合，干脆互相签订了合作协议，形成了一个法西斯集团组织，试图共同瓜分世界。意大利作为“一战”的胜利者之一，和日本一样，都在急速发展之后野心膨胀，加上法西斯思潮的影响，对世界有着挡不住的贪婪。

终于在 1937 年 7 月 7 日，日本进一步侵略中国，“卢沟桥事件”爆发，中国全面抗日战争开始了。这次全面对外侵略，日本将周边的国家都卷入到第二次世界大战当中。日本军国主义和害人害己，不仅在大战中拖垮了国内经济民生，也危害了半个亚洲的无辜人民。

可见对外侵略是多么严重的罪行，而日本在近代史上作出的一系列错误抉择也终究让他们自己尝到了苦果。

第四章 经济是基础

贵族的私有制：土地和人都是我的

贵族之所以被称为贵族，只在吃穿用度上高人一等可不行，更是要从根本的制度上体现自己的“贵气”，分田地已经不能满足贵族的要求。自四世纪起，大和政权就将自己征服的各小氏族及那些从东亚大陆移民来的手工业者和知识分子以集团的形式编组，分别由皇室及贵族统领，且统一安排从事某一种固定的职业。这个方法虽然强硬但是也很高效，既能解决流动人口闲散人员的安置问题，还可以按需发展本国手工业，最重要的是通过对劳动者私有化，维护贵族的尊严，巩固皇室的权威。

四世纪的日本什么最重要？当然是土地。那时的大和政权，从皇室到中央再到地方，都有属于自己的土地。贵族不会种地，但贵族的私民会种地。这些私民中给皇室种田的叫“田部”，他们耕种的皇室的直属土地成为“屯仓”；同样的，地方贵族的私有土地称之为“田庄”，种地的劳动者称为“部曲”。各贵族还会给自己的私民冠以“氏人”的名字，苏我氏的就叫“苏我部”，大伴氏的人就叫“大伴部”。于是结合前文中我们对姓氏的了解，这些私民就成了“xx省省长家族的部民”等，其中二程度和霸道程度只增不减。

如今学者对日本部民制的性质仍有争议。部民制中最先出现的职业是与日本固有的“伴”相结合的，由“伴造”管理的锻冶部、锦织部，制陶部、玉造部、史部等，专为大和政权制造手工艺品及处理文字工作。皇室的私民称为名代、子代，一般将这些编组的部设立于诸国领内。而这些部民与其管理者“伴造”并不是简单的主人与奴隶的关系。

大和贵族哭着喊冤：自己对待私民好得很！不信比比两千多年前的罗马，那可是妥妥的奴隶制社会。罗马人野蛮地将自己征服的别国居民变成奴隶，称之为“会说话的工具”，且没有任何权利。你是我的人，你的娃更是我的人。而日本大和时代的部民制，虽然贵族与部民没有任何血缘关系，但也称部民为氏人。并且他们对于外来的移民十分开明，会让其保留原有的部族结构，任命原部族首领为伴造。这就像现在的某些企业收购，新的公司领导站出来一派和气地对员工说：大家不要怕，人员不用变，干什么活儿听我指挥。所以也有些学者将其定义为半家长半封建制。

虽然孝德天皇在学习中国唐朝的律令制度后果断抛弃部民制，大刀阔斧实行改革，仅保留了部分手工业户与杂户由政府管制。但不可否认的是，部民制创造了大和时代国家的经济基础。

效法隋唐·田地还得政府分

随着圣德太子与推古女皇相继去世，大和政权又一次进入动荡不安的时期。回想中国历史上种种宦官专权的故事，日本王朝也宿命般逃不过外戚干政的阴影。所以苏我氏本着外戚作乱的“传统”，再次站出来祸乱朝政。

单看苏我虾夷的职业履历，绝对属于三朝老臣，但可怕的是这三朝中的两朝天皇都是这位丰浦大臣任命的。权倾朝野的老臣、傀儡般的天皇带来的后果必然是灾难性的。甚至他的儿子，苏我入鹿更加专横跋扈，威权过父。这父子二人大兴土木，征调国民为自己建造宫殿和陵墓。民众们今天去修宫殿，明天去修陵墓，在没有交通工具的年代，全凭双脚赶路，不仅负担劳累，更是耽误农时影响收成。甚至有些体弱者被折磨得病死街头。

其他的贵族坐不住了，虽然大家都是权贵，利益彼此牵连，但是你胡作非为把国家搞得乌烟瘴气我们也是强烈谴责的。于是以中大兄皇子与中臣镰足为首的改革派势力抓住机会，制定了铲除苏我父子并进行政治改革的计划并顺利实施

终于奸人被铲除，孝德天皇继位，模仿中国建立年号，定年号为“大化”，岛国人民终于迎来一丝喘息的机会。彼时，中国历史走到了大唐时代，经济的极度发展、社会繁荣鼎盛令周边国家羡慕，却又不得不臣服于强国的权威之下。

本着“打不过你就要变成你”的原则，自圣德太子时期，日本便多次向中国派遣人员学习。到了新政权建立时，那些派往隋唐的留学僧、留学生陆续归国。这些人在中国逗留时间将近三十年，一个个全是中国通。他们带着全新的思想，还有从中国学来的文化典章制度，帮助孝德天皇制定一系列改革措施，史称“大化改新”。

从混沌年代走过的孝德天皇怕是最知晓权威的重要性，只要想到这皇权可能会再一次被自己的岳父或小舅子夺走，孝德天皇真的是寝食难安。于是他决心建立一个高度中央集权的政治体制。看看大海对面的中国，孝德天皇想通了其中关窍：土地！为什么这些贵族有这么大能量造反，还敢控制朝政，还不是因为有人有地。有人就是就有兵，有地就是有钱，明明这整个岛国归我天皇所有，这土地为何还要放在贵族手中?

所以新政权最初颁布的《改新之诏》共有四条，最重要的便是在经济领域废除贵族私有土地制度和部民制，将全部土地和部民收为国有，使之成为公地、公民。这样便解决了地方贵族私下搞小动作的后患，图谋篡权的难度也大大增加。并且将全国人民以户为单位编入户籍，同时编制征收租税的账簿，户籍每六年编制一次，账簿每年编制一次。编入户籍的公民，不论身份高低有无职位，也无论良贱和性别，均按照标准分给一定数量的口分田。如果是身家清白的良民男子每人两段，良民女子劳动力稍弱是良民男子的三分之二。官奴虽然为奴但是与官为奴所以地位与良民男女相同，私奴则为其三分之一。口分田每六年重新收授一次，不能买卖，受田人死后一律交回政府重新分配。

同时在租税方面实行租、庸、调、徭役制。国家分田地即是以租赁的形式将田地分给百姓种植，再从中收取田租。政府规定得到口分田的

公民，每年必须向官府交纳约占收获量百分之三的粮食作为田租；作为庸的徭役则是规定二十一岁到六十五岁的男子（称为正丁）每年需到京城劳动服役十天，如果去不了也没关系，可以用物品替代劳力，每缺一天需交纳布匹二尺六寸；调相当于调集物资，即征收一定数量的地方土特产品，例如丝绸、生丝、棉布、海产品等；徭役是对应庸的徭役，由地方官府征调，正丁每年需服役六十天。但其他年龄段的男子庸、调、徭役可相应减轻。

除此之外，公民还有从事京城建设的仕丁、雇役或服兵役等义务。虽然能免除租税，并支付一定的报酬，但需自己承担往返的路费，服兵役需要自带武器和口粮。因此，对农民来讲，也是几项沉重的负担。

总而言之，大化改新确实解放了部分生产力，并且完善改进了日本的统治制度，结束苏我氏统治下民不聊生的混乱社会，使日本社会环境重新稳定，社会经济得到发展。但天皇进行改革最根本的目的还是想牢牢保住自己的皇位，实际执行效果也因后期出兵朝鲜半岛和躲不过的皇位之争而打折扣。但也正是这次改革为日本今后的发展奠定了基础，是日本由奴隶制向封建制过渡的标志。

奈良时代的钱币

中国是世界上最早使用货币的国家之一。贝是中国最早出现的货币，早在商朝时人们就以贝作为货币了。它的出现伴随着文字的发展，因此在中国的汉字中凡与价值有关的字，大都有“贝”作为偏旁。

而随着商品交换量越来越大，贝币的需求量也越来越大。平时买菜买肉还可以带着几个贝币结算，可是交易更多的物资比如一群牛、一船青铜器就麻烦多了，可能甚至需要一车的贝币来交换，更何况贝币作为天然货币并不易获得。我们都知道商朝人崇尚贸易，四方交流密切，想想那时的商人一定很辛苦，需要带着又大又沉的贝币南来北往做生意。所以商朝人开始用铜仿制海贝，而这也标志着中国进入人工货币时代。

对比中国在公元前就已出现的货币，日本直到七世纪后半叶奈良时代才由天武天皇主持铸造出钱币——“富本钱”，从此结束以物换物的方式，直接进入人工货币时代。当然了，本着学习他人好榜样的传统，进入八世纪后日本又模仿唐朝铜币“开元通宝”，铸造出“和同开珎”铜币。

就这简简单单的一个“模仿”，却为日本天皇省去了几百年的工夫。中国货币经历多次改革，从自然货币到人工货币，从形式各异到秦始皇统一货币制式，直到唐高祖改革币制之前，中国的货币还存在轻重不一的问题。“开元通宝”铸造使用后，铜钱上再没有了标注重量的钱文，而是以通宝、元宝相称。

“和同开珎”铜币也采用了圆形方孔的制式，这样的形式中国自秦朝统一后一直沿用至民国时期。当然在此之前，中国的货币也是形状各异、重量不同的。春秋战国时期，随便一个能冶金铸铜的小国家，都可以发行一套自己的货币。像是位于中原地带以农耕为主的赵国，铲子是日常生活中最常见、使用最广泛的器具，所以赵国流通的是形状像铲子的铲币；刀币则起源于渔猎和手工业发达的齐国，刀是他们最实用的工具；而楚国的蚁鼻钱却是其中最为神秘的一种，它仅仅在春秋战国时期的楚国出现过，且存世量较少，没有任何货币流通的迹象，至今仍不能有完整的解释。

日本在七世纪第一次出现货币后，不断发展铸造出各种形式，到了十世纪末期种类已有 12 种之多，被称作“本朝十二钱”。但即使是这样，货币的使用也没得到广泛推广，仍然只有京城一带的人民在使用。

天皇很心急，这么好用的铜钱都给你造出来了，为什么你们还要费尽力气以物换物呢？这用作交换的牲口不能分割，粮食堆积吃不完就坏掉了，哪里比得上钱币好用？为了让更远地区的民众也接受钱币，政府颁布《蓄钱叙位令》，用赐封官位的方式鼓励存钱：谁的钱多，谁就可以去当官。这敢情好啊，颁布该法令后富商巨贾们闻风而动，纷纷开始收集兑换货币以谋求官爵。最终钱币流通的效果没起到，有钱的国民倒是多了一个新的爱好——货币收藏。

“和同开珎”铜币发行之后一百年左右经历多次改铸，其间也发行过新的钱币制式。这原因也是令朝廷十分无奈：防伪技术不过关，假币太多。尽管朝廷屡次严惩，将犯人斩首示众，仍不能有效禁止制造假币的行为。当然这也不全是罪犯的锅，因为朝廷本身的铸币技术都差得很。时至今日，人们早已分辨不出真品与假币的区别了。

尽管如此，在奈良时代，铸造钱币和宫殿建设、官衙建设、寺院建设以及武器制造的发展，都令采矿业在奈良时代有较大的进步。中央政府为此专门设置典铸司、锻冶司、造兵司等管理机构，将采矿业置于国家管辖之下。

班田制崩溃

想当年孝德天皇推动“大化改新”颁布《改新之诏》时，最重要的革新就是废除部民制和土地私有制，改为施行仿照唐朝的“均田制”建立的“班田制”。班田制中最重要的操作则是实行班田收授，即由国家主持田地的下授与收回，所有人不争不抢排排坐分田地。

想要这个制度顺利实施首先需要编定全国人民的户籍，确定人口及居民身份性质，才能根据等级分发田地。虽然制度设想很美好，但执行起来却需要花费基层政府大量的人力物力，以至班田制度在实施半个世纪后就产生了动摇，出现各种各样的问题。

奈良时代政权相对平稳，社会安定和谐，没有战乱动荡，人们吃饱穿暖了、经济飞速发展了，人口也随之增加。我们都知道什么是“僧多粥少”，当时的日本就面临着这样的问题。人口迅速增长，耕地却没有那么多，人多地少的矛盾便逐渐显露出来。

为了解决矛盾，天皇曾在 722 年制定了一个“百万町步开垦计划”，但这仅仅是灵光乍现的想法，最终停留在高层的讨论中并没有付诸实际。到了 723 年政府首次出台相关政策，将奴婢的受田年龄提高到 12 岁，后又在 801 年将班田年限从 6 年延长为 12 年。然而这些政策只是杯水车薪，并不能有效解决人多地少的问题，有许多地区 30 年甚至 50 年未能班田。

我们刚刚说到，班田制运作的一个重要条件，是政府对于人口的登记核定。所以班田制实施过程中遇到的另一个麻烦，是因手续烦琐而不能按时班田。

一套完整的班田流程大概是这样的：每六年的时间，地方政府的官员要进行一次班田，登记人口数量及变动，确认每户居民的身份地位，然后编制口账和校田账，并上呈太政官，太政官核定批准后，返回给地方官员，才能将田地按规划分给百姓。而完成这一程序往往需要数年时间，要是碰上偷懒、搞小动作、不作为的官员，百姓能分到田地的时间更是遥遥无期。

最后一个问题也是最重要的一点，便是当年被夺去土地的王公贵族大量兼并田地，扰乱班田秩序。圣德太子改革时，或许一时心软，又或许是胳膊拧不过大腿，也可能是为了给贵族们留点面子，总之是没有将各级贵族的田地全部收回，包括寺庙在内，他们的手中依然有一定的私田。曾经的贵族要田有田、要人有人，走路带风，出门倍儿有面。一场改革将他们滋润的生活打破，却还给他们留下了念想，这换了谁也不可能心甘情愿。

所谓“上有政策，下有对策”，贵族们便想尽办法把田地变为私有。一些有势力的地方官吏便利用职权“多占山野，妨百姓业”，兼并公有土地，将公田、公民变成私田、私民。更何况当时的政策也允许农民除耕种自己的口分田外，去租种贵族或寺院的土地，只要交纳五分之一的收获物作为地租。

一边本就因为土地稀缺和手续烦琐令很多农民无地可耕，一边贵族的土地还能以较低的地租耕种，大家被逼得没有办法自然是去地主家谋生路。这样的状况更加助长贵族官员的行为，阻碍班田制的施行。

这些问题还仅仅是班田制本身在规划和执行中产生的问题，更何况所有的适龄男子还需要负担兵役和徭役，租庸调的负担有如三座沉甸甸的大山压在班田农民单薄的脊背上。风调雨顺时，若是能分到一块田地还可以糊口，可一旦遇到较大自然灾害，即使天皇采取措施减轻赋税，农民也很难生存下去。失去土地的农民无事可做，生活艰难困苦，心中也满是怨愤，结果就是很多人聚众闹事，占山为王成了土匪。而剩下的人也是想出各种办法来逃避班田制，编造假户籍和逃亡已经成为农民最常使用的反抗手段。比如将自己的性别登记为女性，这样便可逃避去京城的徭役，甚至曾出现过 453 人中有 376 名女性户籍的情况，严重影响班田体制下的财政体系。

农民聚众搞事情，贵族闷头圈地垦田，到了十世纪初期班田制已完全崩溃，从此退出日本的历史舞台。

庄园制登场

贵族大肆圈地，农民也想尽办法造假来逃避徭役，朝廷的税收严重不足。为了控制局面，天皇曾在 723 年宣布《三世一身法》，以此鼓励农民开垦荒地，解决人多地少的问题。这个《三世一身法》，其实是比较明智的解决耕地不足的办法，也就是鼓励农民自己开垦荒地，只要你愿意出力开垦出新的荒地，可以令全家耕种三代，然后再归公。如果是熟荒地，虽然不能传三代，但开垦者本人也可以享受一生。但是此举的出台并不能令农民买账，被朝廷坑害多年的农民面对这个政策心里会三思：“我费了这么大的力气开垦出的荒地，不但要交税，到最后还不是要归国家所有，然后几经转手回到贵族的手里。本身贵族和寺庙的土地就免税，而自己去贵族和寺庙的土地耕种只需要交纳很少一部分的地租，兜兜转转这么大一圈，还不如从一开始就去耕种贵族和寺庙的土地，还能得到一定的庇护。”

被逼无奈的朝廷又在743年颁布了《垦田永世私财法》，该法案改良了耕地被回收的条例，规定身份最高贵的贵族可以开垦500町步，普通农民可开垦10町步田地。这一举措表面上是鼓励农民开垦荒地，并承诺土地可永远归私人所有，但是开垦数量的差别，明显是偏向贵族的利益，反而更加鼓励贵族土地私有化的行为，推动了土地私有化的迅速发展。

我们都知道，恒武天皇迁都平安京，是因为怨灵的传说，实际上还有一个原因是为了遏制贵族和寺庙利用权势和钱财大肆强占耕地的行为。因为奈良时代末期，各级贵族和各地的寺院利用特权，驱使自己的奴隶、附近班田的农民，以及从别处逃亡来的农民，为自己开垦大面积的荒地，并在开垦的土地上修建住宅和仓库，所以那时候贵族之间流行的风尚就是比较私有土地的数量和庄园的精美程度。贵族们心里也很慌，为了抓住权力，他们只能用这样的方式来慰藉自己心中的恐慌。更过分的还会强买强卖，连人带地把附近农民的口分田或垦田纳入自己的庄园。

为了天皇权威及中央集权，平安时代初仍保留了国家土地所有制的残余。例如领主要向国家交纳田租，庄民也要向国家交纳庸、调，另外国家的检田使和征税使等各种国使有权进入庄园进行检田、收租和征调劳力。政府也曾出台政策力挽狂澜，先是在823年，天皇在太宰府设立公营田，又于879年在畿内设官田，以国家名义雇佣农民耕种国有土地，收取地租。

然而大势已去，班田制在平安时代走到末路，最终政府扭扭捏捏地承认了庄园的存在。但是把大量土地和人民放在贵族手中，天皇怎么可能安心，为了维护和平，为了维护国家的财政，国家在多次失败后想明白了堵不如疏的道理，既然班田制留不住，那就顺应潮流也设立国有庄园，把地从贵族手里夺回来。

天皇在十世纪初出台《整顿庄园令》，想要通过取缔非法出现的庄园来阻止土地私有化，结果却适得其反，反而让那些园主想出各种办法把自己的庄园国有化、合法化，虽然公认庄园增加但土地却依然没有掌握在国家手中。

庄园主把土地握在手中还不满足，更想将特权握在手中。他们通过将自己的庄园进献给更尊贵的中央大贵族或是规模权力更大的大寺院这样的手段，将这些人奉为“领主”，定期交一些“保护费”也就是土地的租税，以寻求他们的庇护，并以此换来庄园的“不输不入”特权。“不输权”就是找各种借口向朝廷申请免除自家庄园的赋税，“不入权”就是拒绝检田使、征税使等官员进入自己的庄园。如果上面的人够硬，甚至可以罔顾国家，在庄园里拥有的司法权和警察权。

“朝中有人好办事”这句话被庄园主贯彻得非常彻底，如果“领主”认为自己的权力还不够大又不够硬，那么他们会投奔更有权势的贵族，奉他们为“本家”，以期与国司抗衡。从最高级的“本家”领主一层一层向下，逐渐形成一种“领主等级”土地所有制。这其中的藤原家族因为在中央政权中最有影响，“拜码头”的小贵族络绎不绝，同时藤原家族也有意扩大自己的政治、经济实力，因此他们成为最大的“本家”，并奠定了“摄关政治”的经济基础。自此国家再也无力扭转甚至不能把控时局，到了十一世纪，全国三分之二的土地由寄进式庄园所控制。

经济发展以将军直辖地为中心

在平安时代生活奢靡、做事专横的贵族没能继续嚣张下去，存在感极低的武士通过战争登上了历史舞台。由源赖朝建立的镰仓幕府，正式送别了日本由中央贵族掌握实际统治权的时代。虽然天皇的存在感一直很高，但悲催的是无论贵族当道还是武士崛起，实际政权都没能掌握在天皇手中。

1180 年，富士川之战胜利，源赖朝消灭平氏，一跃成为左右政权的大人物。但他并没有接管京都政府，而是假意忠君、节义跑到关东镰仓一带，巩固发展自己的势力。到了 1192 年，源赖朝又被册封为“征夷大将军”正式建立幕府，史称镰仓幕府。

镰仓幕府为了笼络人心，扩大权力影响，使很多源平战争中的领主、庄园主或名主结成有主从关系的武士，也就是源赖朝的家臣。他们被统一称为“御家人”。这样的“御家人制度”其实也是镰仓幕府的统治基础。为了让手下心甘情愿跟着自己，源赖朝宣布了一条“私领本宅，领掌如故”的规矩，即明确承认御家人的土地所有权。同时采取奖励政策，根据下面人的表现（大多数是战功）授予新的领地。

也许是个人魅力太大又或者是手腕强硬，源赖朝用这样的方式将御家人牢牢地拴在自己身边。御家人以主君源赖朝马首是瞻，为他出生入死并无条件服从主君的一切要求。镰仓幕府成立后，这些御家人大都被任命为各地的守护或地头等官职。这些远离权力中心的地方职务各个富得流油，御家人对将军感恩戴德。作为回报，他们会自费率领自己的随从定期前往京都或镰仓，担任警备的任务。既保护将军安全、维持将军领地的秩序，也可能是为在将军面前刷一波存在感，博得将军青睐。

渐渐大部分土地被幕府掌控，所以日本在镰仓幕府时代的经济基础是以将军的封地和直辖领地为中心，即“关东知行国”和“关东御领”。“关东知行国”就是将军的封地，最鼎盛时达九个之多：伊豆、相模、上总、信浓、越后、骏河、武藏、下总、丰后。将军在自己的封地上有很大的权力，他可以自行任命知行国的长官国司，并获得该国的部分收入；“关东御领”则是庄园制的产物：以源赖朝为本家或领家的庄园和国有领土，以及当年被没收的平氏家族的领地，共有 500 所之多。“关东御领”由幕府政所统一管理及征收租税，是幕府的主要财政来源。

这样一来整个日本的军警大权和经济基础都落在了镰仓幕府手中，那么政治权力也就顺理成章不在话下了。源赖朝一点一点建立了覆盖全国的统治机构，权力触角几乎遍及日本社会的每个角落。天皇的权力被大大削弱，尽管朝廷出台政策对其进行抵抗，但强龙压不过地头蛇，天皇也只好没什么能力却倔强地存在着。

其实“幕府”和“将军”的概念都来源于中国，但是与中国的将军们一旦掌握大权就要改朝换代不同，虽然日本的将军建立幕府后拥有压倒性的军事力量，但他的合法性却仍然要借助天皇的精神权威。毕竟作为一个由天皇任命的将军，镰仓幕府在统治体制方面并不能完全取代律令体制，因此他并没有推翻朝政，而是将实权掌握在自己手中，并与京都政权共同存在，形成幕政的局面。

和宋朝用一样的货币

在镰仓时代，武士地位不断上升，武士领主化也越来越明显。在各种私人庄园中一般是由“御家人”武士担任地头，“非御家人”武士会被任命为庄官，管理下人、随从、农民进行农业生产。

农民阶级依然是最为贫苦弱小的势力。农民分为上层农民“名主”和下层农民“作人”，是从事农耕的主要劳动力，每年需上缴 30% 左右的收获量作为“年贡”，还有零碎需要交纳土特产的“公事”，提供“夫役”的徭役，等等。

即使如此，随着武士阶级的崛起，社会战乱结束，百姓结束动荡生活，镰仓时代的日本也进入了相对平稳的时代。生产力虽然不及当时的邻居宋朝但也是在缓慢发展着，出现了定期集市和货币经济。加之手工业和贸易的发展，日本也会出口一些价值低廉的货物去中国贩售。眼看着中国的经济兴盛，他们都是眼眶发热，心思也活络起来，有些人便打起了走私货币的主意。就像美元现如今在世界货币中的地位，南宋的铜币可是作为国际货币一般的存在。所以日本商人卖完货物后并没有在中国进货，而是收敛了一大批铜钱运回国内，据说一次就能运走十万贯。于是大量宋钱被带入日本，到镰仓幕府末期，80% 以上的交易都会使用宋朝货币。也正是社会贸易的发展带动了经济发展，同时期开始出现高利贷“借上”、远距离的汇兑和从事批发的“问丸”。

正是因为有太多像日本一样使用宋朝货币的国家，几度导致货币种类极度丰富、铸币量达到数亿贯的宋朝出现“钱荒”。其实出现“钱荒”的原因很复杂，但直接的原因还是“铜钱外流、民间窖藏和私自铸造铜器”成风。就拿铜钱外流这一项来说，当时的宋朝铜币作为世界货币为贸易流通承担着巨大的责任。他们自己都说“一朝铸币，四朝共用”，因为当时的中国土地上，西夏、辽国、金国也在使用宋朝货币。更不要说日本镰仓幕府在 1266 年公开承认宋铜钱为日本的法定货币，同时它也是高丽、交趾等的主要货币，还流通到南亚、西亚甚至更远的印度南部、阿拉伯等国作为辅币。

为此宋代官府甚至颁布“钱禁”，规定出境者随身携带铜钱五贯以上就要被判处死刑，包括官僚机构也是严加把控，一律不允许搬运铜钱下海船，防止官员假公济私借机走私铜钱。

见缝插针的繁多税收

镰仓幕府时代，商品贸易发展，货币流通也大大增强，人民生活逐渐步入正轨。武士阶级随着世代的繁衍，也不再像祖先那样坚持重武勇、礼节、廉耻、正直、节俭的“兵道文化”，逐渐染上世家贵族好奢靡图享乐的风气。加之土地问题和与公卿集团的矛盾，各地反幕府运动此起彼伏屡禁不止。最终在1333年，北条高时被杀，镰仓幕府世代终结。这之后日本又一次陷入动乱与战争，并进入南北朝时代。直到1368年，15岁的足利义满任幕府将军，由细川赖之辅佐建立起自己的统治。因为他在京都的室町建造了一所豪华奢靡的住宅被称为“花之御所”，所以足利义满建立的幕府称为室町幕府。

随着足利义满长大成人并亲自掌权，室町幕府时期的统治机构也逐渐丰满起来。管领的职责是辅助将军执政，为了防止专权，管领由斯波、细川及畠山三家族成员轮流担任，这三个家族都与足利家族有血缘关系。而幕府机构中最重要的掌管财政的政所，则依然由自家人担任，也就是将军的直属家臣，叫“奉行人”

与镰仓幕府时代一样，室町幕府为了管理诸国土地也设置了守护、地头。但是与镰仓幕府不同的是，室町幕府的守护、地头与将军的联系不像前朝那样紧密，并非由将军的御家人担任，也并非稳固的主从关系，更多的是一种联合协助的关系。因为室町幕府时代，将军还有一件重要的事情要做——对抗南北朝。为了得到军事力量，将军联合诸国的守护、地头形成一种联合政权。所以将军并没有办法完全领导他们，他们对将军也没有绝对服从的意识，其实也就是因为共同的利益大家才凑在一起做事。

也因为如此，室町幕府的财政收入相对镰仓时期就少多了。室町幕府的主要经济来源只有分散于各地的“御料所”，勉强算作直属领地也不过二百余处，其中大多还是足利家族自己的旧领地，还有少部分是从南北朝动乱时期占来的，都是规模不大的零散土地。仅靠在这些土地上征收“年贡米”“年贡钱”肯定是不能满足幕府统治巨大的花销的。

年轻的将军既要打仗，还要讲排场撑门面，还要给各位行政人员发俸禄，看看他那幕府的奢华程度也能知道，这位绝不是个勤俭持家的主。可是因为室町幕府对于守护与地头的统治并不彻底，将军愿意开口要钱，下面的人也不愿乖乖掏出钱来。算来算去怎么都算不够的钱让室町幕府把手伸向了商业税的口袋。

那些年种类繁多的税收真的是让老百姓喘不过气：在京畿内的交通要冲设“关所”收费，对往来的商贩征收“关前”税，在渡口收取“津料”税；还有对于某些特殊的行当比如仓库业者和金融业者征收的“（土）仓役”，对居酒屋、高利贷者征收“酒屋役”。如果将军要盖宫殿或者皇位继承时大搞庆典没钱了怎么办？没关系，还可以征临时货币赋税：比如按段征收的土地税——“段钱”，按间征收的房屋税——“栋别钱”。

即使有这么多只有你想不到没有他征不到的税种，室町幕府的财政却始终不稳定，偶尔遇到突发事件或紧急事件还要向有钱人借钱，还美其名曰称人家为“有德人”。然而最终解决室町幕府经济拮据问题的办法是什么呢？是我们的明朝祖先们——对明朝从事贡舶贸易，对明贸易征收一成的税，称为“抽分钱”，此项收入最终竟然成了幕府最大的财政来源。

日本战国·疯狂的经济比赛

由于室町幕府对各国守护的约束力不足，造成守护权力过大逐渐成为割据一方的大领主。这样的领主在当时被叫做“守护大名”，他们名下所管辖的区域称为“领国”。所以室町幕府也可以说是守护大名的联合体，这样的社会政治结构导致了幕府内部、幕府与守护大名、守护大名之间的矛盾日益激化。尤其是进入15世纪后，庄园制也逐渐瓦解，更是给这个时代雪上加霜。

其实整个室町幕府统治时期，社会就没有平稳过几年，除去足利义满执政时有过短暂的和平，剩下的时间全都在打打杀杀度过。那边饱受苦难的农民要起义，这边逐渐崛起的守护大名在一门心思地想着占地，朝中各级官吏还忙着争权夺利，整个日本陷入一片混乱。

各地守护大名却在这样的乱世中顽强发展成为拥兵自重、雄霸一方的实力派。从1467年爆发的“应仁之乱”开始，日本历史进入战国时代，原来的守护大名也变成独立于幕府体制以外的大封建主，叫“战国大名”。

为了在大混战中胜出而最终站上历史的舞台，战国大名们想尽各种方法发展自己的经济实力。战国大名多是从领主家臣、守护、守护大名直到战国大名一步一步拼出来的，所以对社会基层情况十分了解。

都是穷过、卑微过的兄弟，他们自然能深刻体会土地对于统治的重要性，也从自身经历意识到绝不能轻视下层人民。至少要保证自己领国内小领主和农民吃饱穿暖才有力气干活儿，还要保证农民耕地的基本条件，要是农民没有地可种，种地的收成又不好，就等着他们闹事吧。所以多数战国大名正是首先从富国强兵这两方面着手治理领国的。

为了增加粮食产量保证领国人民生活，不少战国大名亲自下场督促治水事业。例如甲斐的武田氏，他命人沿河岸修筑了不少河堤治水，并开挖灌溉水渠等水利系统，使大批沼泽地和其他荒地辟成了新田，大面积增加了水田种植。根据史料记载，室町时代初期，全日本的水田面积为 94 万町步，仅一个世纪的战国时期，水田面积就达到了 163 万町步，增长了约 73%。

空有田地但是没人耕种也无济于事，连年的战事让农民流离失所也无心农耕。没有庞大的农民群体参加，战斗会损失许多兵力，为此战国时期形成了一种不成文的默契——不在农忙时期打仗。从“应仁之乱”到 17 世纪初德川幕府建立，记录在案的数百次大会战都是在农闲时期进行的。

除此之外，很多战国大名还积极鼓励商业发展，撤销室町幕府时期设立的诸多关卡，采取积极的商业政策吸引商人在城下町落户。例如织田氏在尾张国取消行会——“座”，实行自由买卖的“乐座”“乐市”。

正因为战国时期各位大名疯狂的经济竞赛，真心实意发展工商业，反而促进了以城下町为中心的城市急速发展，甚至出现了堺、博多、平野等自治城市。

要有军队，更要有钱

1603 年，蛰伏在织田信长和丰臣秀吉两任政权之下的德川家康终于笑到最后，拜领“征夷大将军”，在江户设立幕府并建立起自己的统治，史称“德川幕府（江户幕府）”。这一次日本人民终于结束多年动荡与分裂迎来一个统一的国家。

一直以来，在幕府的实际统治下，天皇是只有威望没有实权的。至于那些威望多半也是幕府为了粉饰太平尊出来的虚名。德川家族的将军才是这个封建制国家最大的封建主，全国四分之一的土地和大城市都归他直接管辖。因为有室町幕府的教训，将军对于治下其他地区大大小小两百多个“藩”的管理更是严格，藩的首领大名享有藩的世袭统治权，但必须听命于将军。

为了维护自己的统治，将军与大名都会培养自己的武装力量，也就是作为职业军人的武士组成的军队。武士的封地、日常开销、吃穿用度一并由将军或大名负责，作为回报武士必须效忠将军或大名。为了进一步维持阶级权威，将军特许武士拥有佩刀的权利，他们构成了幕府统治的基础，从而形成了由幕府和藩构成的封建统治制度即幕藩体制。

虽然都有军队，但德川幕府的军事力量让各藩大名并不敢轻易造反。一方面全国的军事指挥权由幕府将军直接掌握，另一方将军自己的兵力也很雄厚：将军直辖的常备军称为“家臣团”，成员分为有封地并能晋见将军的“旗本”，以及仅领取俸禄且不能晋见将军的“御家人”，也就是裙带关系和雇佣关系的区别。旗本的军队规模最多达到了八万人，次一等的御家人也有两万人左右。

从钱财上约束人还不够，还要从精神上给他们洗脑，让他们心甘情愿跟着自己。德川幕府为了培养武士的思想觉悟，大力宣扬武士应具有忠、义、勇的“武士道”精神，使武士为自己效力和卖命。

有这么大规模的军队要养，德川幕府的经济实力也是不容小觑。仅幕府的直辖领地每年就可收获 400 万石，再加上德川家族自己的土地上还能年产 300 万石，这 700 万石的产量足以碾压一切藩国了。因为全国的年收获量也不过 3000 万石，最大的加贺藩前田氏领地也仅有 102 万石。同时，幕府还垄断了金银矿山等稀有资源的开采和货币铸造行业，并控制江户、京都、大阪、长崎、堺等大城市的工商税金。

军队我有，钱财在手，德川幕府的统治自然是强盛而难以撼动的。

良性循环的经济发展

自 1603 年德川家康拜领征夷大将军建立德川幕府起，一共统治日本 260 多年的德川家族虽然从强盛走向衰败，但不可否认他们是日本历史上最强盛的武家政治组织。尤其是在他们掌权的 17 世纪，社会经济得到迅速发展。

封建社会，无论对哪个国家而言，土地永远是绕不开的问题。德川幕府时代，大部分农民都能得到份地，大家都有事可做有地可种，基本生活得到了保障，搞事情、起义的人自然也就少了许多。尽管农民仍然处于社会最底层，背负着沉重的苛捐杂税，但能自给自足总比饿着肚子闹革命要强，所以农民的积极性得到了提高，也正是这一时期日本建立了自给自足的小农经济

但是这么多农民这么多耕地从哪里获得呢？背后的原因是幕府的奖励机制在起作用，他们颁布法令鼓励开垦新田，并且不局限于农民。那些拓荒者有的是乡村官吏，有的是富裕农民，甚至是手中有闲钱想要投资的富商，也会承包几块土地雇人开发耕种。

中世时期的日本农民，只有上农可以依山傍水而居，山坡上的草木作为饲料喂养牛羊并获得肥料，山下的水引来灌溉。但是条件不好地区的下层农民便只能靠天吃饭。好在战国时期出现了水利设施，所以到了德川时代，政府也大规模兴建水利设施，以保证耕地的产量。正如前文所述，在战国时期就已经大面积拓展的耕地面积为 163 万町步，经过 17 世纪德川幕府的再次推动发展，增加到 297 万町步，竟又增长了 80%。所以说，只有想不到没有做不到，当年日本人曾围绕着那么可怜的一点土地争来抢去，哪会想到如今这般情景呢。

有了耕地，还要有趁手的工具。农业工具的进步也大幅提升了农业生产力，例如水车的改良、肥料种类的丰富，备中锹、千齿机的出现。

另外，人们认识到经济作物低成本高产量的优势，开始大范围种植经济作物。桑、茶、棉花、麻、油菜、染料等植物也是在那时候得以推广到全国各地。甚至后期还出现了区域集中化种植，例如大阪的油菜、三河及尾张的棉花、上野与武藏的养蚕生丝、宇治的茶叶以及最上的红花等。现代人喜爱的宇治抹茶是从 17 世纪就出了名的产品。

同时经济作物集中化大面积种植，也带动了农村家庭手工业以及城镇手工业的发展。整个村子整个县的农民都种植同一种作物，自然也会促进原材料加工和产品销售的兴盛。那时候养蚕区桐生地区的丝织业、粮食产区伊丹的酿酒业、黄豆产区大阪的酱油酿造业、有田的陶瓷业都非常有名。一般在农村手工小作坊加工好的初级产品又会被送往城镇进一步精加工然后销往全国各地，所以城镇手工业也有了显著发展。就像如今的美国硅谷，这种聚集效应大大推动了商品农业及手工业的发展，也带动着城市人口急剧增加。

如此便形成了良性经济循环，再加上德川幕府实行参觐交代制，也就是需要各藩大名轮流前往江户替幕府将军执行政务一段时间，才能返回自己领土执行政务。试想那些乡下来的大名们，虽然在各自的藩地也是衣食无忧，但是见过首都的繁华热闹、吃喝用度应有尽有的景象，再想想自己的领地，肯定是难以接受的。哪个人临走前不会采买一番，回去送送同僚亲故再炫耀一番？而这就是免费的移动广告啊，这样长久下去必然促进了物流的发展和商品的流通。

商人们哪能错过如此商机，以至在江户、大阪、京都等大城市集中了许多批发商和金融商人，专门往来全国各地兜售南北货物。

整个 17 世纪的日本，在德川幕府的统治下迎来了经济大发展的时代，也为日后资本主义萌芽打下了基础。

蓬勃生长的资本主义萌芽

本质上幕藩体制的形成条件关键在于商品流通和货币流通，由于德川幕府时期格外强调阶级的划分，施行等级身份制，并且还执行参觐交代制，这些都成为商品经济发展的重要促进因素。

德川将军为首的封建统治阶级对下层农民各种剥削压榨，但是作为自己的统治根基，他们又在不停地颁布各项法令、采取各种举措保护着农民，以防止小农经济解体。这样矛盾的做法其实体现了统治者对封建体制的依赖，但是商品经济一旦出现，便不可能因为人为力量消失。

随着 17 世纪农业、手工业生产力大幅提高，带来了商品经济的极速发展。特别是经济作物区域化，比如出现棉花、蚕桑、茶叶等经济作物的产区从而形成聚集效应，导致德川幕府中期以后，在一些较为发达的城市近郊、农村，一部分农户摆脱贫困变成小商品经济生产者。

由于每家每户的技术、思想、经济基础不同，这些小商品经济生产者的发展也如滚雪球一般，好的越来越好，差的越来越难以为继。一些条件较好的人家财富累积到一定程度便不再亲自出力，而是收购破产农民的土地，慢慢成为新一批地主，他们一般被称为“村方地主”。另外一批地主的形成则是与政府鼓励开荒政策有关，也就是那些本来就有一定资本的商人、高利贷者、借贷资本家和手工工场主利用手中的资金，通过承包垦荒拥有了大量土地。

以至到明治维新前夕，这些新兴地主通过抵押、租赁、开荒等方式拥有的土地，竟然占全国土地总面积的三分之一。拥有这么多土地的人当然不会再回到从前面朝黄土背朝天的日子。除了少部分人依然执着于农业，将土地出租给农民耕种外，中小城市的地主显然更有发展的眼光：他们大都在自己的土地上建立各种作坊或加工厂，采取雇工的经营方式。但无论哪一种，他们的模式都具有了资本主义的意味。再搭乘这商品经济快速发展的顺风车，这些“初级资本家”直接跻身成为身兼两职的“豪农豪商”。

例如在大阪附近的河内就是有名的棉织业中心，那里出现了许多叫“木棉寄屋”的农村商人。他们的主要工作就是下到农村，去收购农村手工业者生产的棉纺织产品，然后再转手卖给大阪的棉布批发商。这也就是现在所说的中间商，专门赚取其中的差价。

更高明的方式则是“换棉”和“出机”。“换棉”是指不再需要农民种植棉花，而是由商人提供，农民只需在家纺成纱或织成布，再换回给商人，最后按成品数量支付酬金。这样便给那些没有土地的农民找到了维持生计的办法，这些摇身一变成为手工劳动者的农民也会紧紧围绕着商人，商人手中的劳动力更是快速增加。“出机”的意思是商人不仅提供生产原料，而且提供纺织机械，农民只管纺织不用操心其他问题，再同样按照成品获得酬金。

看看他们的行为，是不是感到一丝丝熟悉？这样发展下去，商人可不就成了那些年我们认识的资本家了吗。这就是历史的必然，天性逐利的聪明商人发现了其中关窍，再进一步发展到出资招募贫穷的农村妇女，将她们集中在厂房进行生产。于是资本家就这样一步一步诞生，生产者摆脱土地的禁锢成为雇佣工人，从而形成了资本主义性质的手工工场。

尽管德川政府后期出台一系列限制政策，例如1789年发起的“宽政改革”，其核心思想正是努力稳定农村，抑制商品经济的发展，以巩固幕藩体制。然而这些举措对于在真正的商品经济面前岌岌可危的自然经济无效，将军大人也是螳臂当车，只剩下无可奈何了。

明治维新的“殖产兴业”

时间来到十九世纪中叶，日本迎来了大名鼎鼎的“明治维新”。前面我们已经讲述过德川幕府的没落及明治维新的兴起，这里便不再复述。而是将精力集中到改革中的经济改革政策上。

由于受到西方资本主义工业文明的冲击，新政府发起了由上而下具有资本主义性质的全盘西化与现代化改革运动。在经济上更是要向西方靠拢，推行“殖产兴业”，学习欧美先进技术，进行工业化浪潮。

想要工商业健康发展，首先就是要打破垄断，维持良好的市场秩序。新政府上台后第一时间废除各藩国设立的重重关卡，强力撤销工商业界的行会制度和垄断组织。曾经的业界大佬、行业巨鳄一时间收敛了许多。

其次便是鼓励新兴行业的发展。俗话说“要致富先修路”，所以发展起铁路建设、航运体系、邮政体系、电报和电话技术等近代交通通信事业是日本腾飞的重要基础。并且政府还采用奖励贸易、保护商业等多种方式，鼓励优质新产品和发明创新，还以政府名义举办交流会、博览会以推广先进技术。

还有一些历史遗留问题也需要解决。之前的幕府大老、各藩大名留下了不少私人厂矿企业，新政府也一并接管，并加以扩张和改造。矿产资源毕竟是重要国家资产，明治政府便把他们全部改造为国有企业。为了充实国有企业体系，又投入大量资金购买先进设备，创办许多“模范工厂”作为样板，带头发展新式近代企业。有政府在前亲力亲为做示范和后方对民众的扶持，民间资本也有了信心，纷纷出资建立了涵盖铁路、矿山、造船、机械、水泥、玻璃、纺织、制丝等行业的大量工厂。

到了改革中期，民间资本的经营日臻成熟，政府为了减轻财政负担，制定了《出售官营工厂条例》，也就是俗称的“官业下放令”，将军工、铸币、通信、铁道、印刷等特殊部门以外的官营企业廉价处理给三井、三菱、川崎、古河等特权大资本家。如今我们熟知的日本企业三菱集团前身便是那时候的三菱财阀。而三井家族更是厉害，在明治政府与德川幕府对抗时资助军费，支持新政府上台，甚至为官方管理钱财。

也正因为这个条例颁布，明治政府在经济领域推行的“殖产兴业”政策发生了性质的改变：从以国营企业为主导的资本主义工业化方针转变为大力扶持和保护私人资本主义的方针。

最后也是最不能忽视的便是农业。古往今来多少历史经验都在提醒着统治者，农民问题不能忽视。政府在农业方面推行的是“劝农”政策，也就是把西方的先进农业技术教给农民，设置东京驹场农学校、北海道札幌农学校，招聘外国教师任教，培养农业专家和技术人员，引进优良农牧业品种，设立育种场、种畜场。同时建立经营管理制度，从此以后种地再就也不是一件只能靠天吃饭、闷头苦干的事情了。

第五章 曲折的探索之路

帽子决定位子

日本历史上，关于治国之策一样经历了漫长的探索过程。在大和时代，贵族是整个国家最具有权力、最有领导力的一群人，保障贵族的权益、让贵族的身份得以彰显，就成了制度所侧重的地方。

只有让贵族的身份得到强调，不同的家族、血脉有着不同的地位划分，贵族制才算是完整。一个完整的贵族制度，当然有利于当时的统治阶层了，这很容易理解。

最开始，大和时代的贵族制度很简单，姓氏决定一切，“血脉中的高贵”让人们从出生开始就划分为三六九等。不同氏姓的人从出生起就决定了未来要走的路和要处于的阶层。有些特殊的氏姓家族往往承担着特别的工作，那么出生在这样的家族就必然要延续来自于父祖的工作。

可以说是天生就捧上了“铁饭碗”，但也天生就被这个身份限制住了。举个例子，如果你出生在以厨艺闻名的家族，那你出生就有了一个厨子的工作不必担心自己找不到饭吃，但同样，如果你的厨艺不那么精湛的话，也很难寻找到其他合适的工作。这个类比可能不是那么精确，但对于氏姓继承制度的贵族来说，他们只要努力投胎就好，未来的一生几乎是确定的。

圣德太子执政时期，对这样的继承制度进行了改革。当时的中国正处于隋朝，官僚体制已经相对很成熟了，甚至开始有了科举选拔制度，早已显现出打破贵族统治的苗头。通过学习先进国家的经验，圣德太子在推行改革的时候，制定了“冠位十二阶”之策。

603 年，打破氏姓制度、宣告世袭权力开始动摇的“冠位十二阶”在日本贵族阶层造成了相当程度的影响。其规定，各级官员在考核之后按照“德、仁、礼、信、义、智”的顺序，分为十二个官阶，不同的官阶有着不一样的服饰冠帽，仅从色彩上便能分辨出“三六九等”，诸如“紫、青、赤、黄”等色对于官服来说都有不同的意义，代表权位高低。这一点与中国历朝官府用不同纹饰、色彩来划分官阶的方式很相似。

不同的官位因为不同的才能而授予，比如有的人有才，有的人有功，有的人忠诚可嘉，不同的标准却都被囊括在考虑范围之内，可以说相对比较全面。曾经权位与出身息息相关，冠位十二阶的推行则意味着官员后天的付出与努力也与未来前途有密切联系。

不过这并没有动摇高层贵族的地位。因为大臣级贵族或者地方豪强并不在冠位十二阶的范畴之中，他们以另一种标准来划定地位，依旧牢牢占据着这个国家最高的统治权。冠位十二阶更多是在中下层官僚中推行的政策，而且不能世袭，只能因功升级。

圣德太子的这一政策，虽然没有直接将贵族权力打压下去，但也暴露了他希望天皇集权的心思与手段。可想而知，如果冠位十二阶可以逐渐推行、加深，天皇集权的时代必然不会太晚出现。只可惜，圣德太子有才而无运，早逝之后改革也草草结束，不由得令人叹息。

改变社会性质的大化改新

在整个日本历史上，天皇的血脉虽然未曾断绝，但是政权更迭从未停止过，每一次政权交替，就是改革的开始。

在大和时代，苏我氏家族把持政权，开启了“外戚专政”的先河。中国漫长的历史告诉我们，“外戚”二字代表着不能长久，苏我氏就算权倾一时，又能得意几时呢？果然，645 年 6 月，苏我家族的政权被推倒，权臣苏我入鹿及其父死去，孝德天皇登基了。

这一年被称为“大化元年”。大化二年的元旦，孝德天皇颁布了一系列新诏书，进行了政治上的全面改革，后世称为“大化改新”。

“大化改新”主要是围绕着四个方面进行，每个方面都在向当时摇摇欲坠的奴隶制“挥舞刀子”，是一次标志着日本社会从奴隶制进入封建制的改革，对日本历史而言，其标志性作用不下于“明治维新”。

首先，大化改新废除了过去的土地私有制和部民制，这意味着曾经名正言顺隶属于皇室或者贵族的土地，全部收归国有。曾经归属于贵族世家或者皇室的部曲——也就是另一种意义上的奴隶，现在也全部给予自由身，都成为公民。显而易见，这是一种进步，是社会制度从奴隶制转变为封建制的重要体现。对于天皇朝廷来说，这是一个非常强硬又值得欢呼的好消息。

毕竟，一夜之间天皇朝廷就从“一穷二白”变成了真正富有四海。如果连土地和人都不能攥在手中，又谈什么真正的权力呢？只有名正言顺管理着全国的土地、领导着全国的百姓，朝廷才是有威慑力的。从此，天皇为首的中央集权制度才算是正式建立。

除此之外，改革让朝廷骤然间有钱有人了，管理压力也大了起来，所以对统治机构升级也是必不可少的。于是颁布建立了从中央到地方的行政机构，小范围为里，大范围为郡、国，有了更合理的规划和管理制度，同时设立了规范的驿站与相关官员。

这是针对土地的管理，针对突然从部民奴隶变成的公民呢？自然是要造册入户、分田分地了。所以，改革也有了全国范围的户籍录入制度，同时推行《班田收授法》，以新的模式来安置人和土地。

改革中最后一个重点关注的则是税收制度。通过新的税法，朝廷才能更合理地取利于民并用于管理这个国家。这才是朝廷钱袋子真正鼓起来的表现。

由此可见，大化改新从一个更加平凡朴实的角度去解读，是非常简单的：先从贵族手里要地要人，然后派专人有秩序地管理土地，同时管理好百姓，最后再从百姓和土地身上收取租税以供养朝廷。由此一来，天皇才真正翻身做主人了。

大化改新的目的非常明确，就是让贵族在天皇的权柄面前退后一射之地，从而真正如同邻邦大唐和朝鲜一样，建立一个有威望的朝廷。

加强集权的律令变迁

646 年开始的“大化改新”，让天皇第一次真正实现了集权，将权力握在了自己手中。但是这场与贵族之间的权力争夺战显然不可能一蹴而就，而是需要漫长的拉锯，从而在过程中一步一步奠定胜利者的地位，所以，为了建立真正的天皇集权，从后来的天武天皇开始，每一代天皇都在进行着一步步的改革。

天武天皇选择将权力收归皇室，所以他没有设立大臣，而是走下天皇的神坛亲自执政、参与治国，同时重用自己的皇子和其他皇室成员。俗话说“打虎亲兄弟，上阵父子兵”，要说谁最愿意看到天皇掌权，那必然是皇室中的亲戚们，所以天武天皇在强化权力的时候，首先选择的就是重用自己的儿子与兄弟。在天武天皇一朝，地方行政长官或朝廷各个机构中的领导官员中，基本都能看到来自皇室的身影。

除此之外，天武天皇也很重视对官吏的管理，不仅仿照唐朝设立了完备的官制，而且对官员的职位提升、业绩考核等都进行了详尽考虑，制定了一系列业绩评定规则。曾经贵族只要凭借出身就可以居于高位，而在此后，虽然贵族还是在朝堂上占据天生优势，但后天的发展还是要看自身能力的，这显然是件好事。

能够改革官制，说明天皇真正掌握了执政权，而律令上的改革则是立法权的体现。天武天皇之后，持统天皇继位了，他从 689 年开始，实施了天武天皇时期就筹备的《飞鸟净御原令》，进一步推行户籍改革、田亩归公制度等，同时对政府机构的设定和军事制度等也有法律上的明确规定。

可以说，律令的颁布是将天皇的改革以规章制度进行体现，让其成为可以依据的法令，有助于改革的深入。

697 年，持统天皇让位成为上皇，但依旧没有放弃自己在律令改革上的工作，而是和大臣藤原不比等人一起编纂成著名的《大宝律令》。这部法典相对于《飞鸟净御原令》而言，更加完备、成熟，成为当时日本律令体制发展的重要标志。

其中，“律”代表刑法，是将日本社会的风土民情与唐律结合而成的法律；而“令”更多是偏向行政法或者民法，主要是解决日本当时的社会实际问题。两者结合起来，详细解读了当时的税赋、户籍、班田收授制度，同时对政府的机构管理、身份制度以及司法军事等进行了明确规定。直到这一时期，大化改新想要实现的目标才真正落实到纸面上，被人们参考、遵守和贯彻。

至718年，元正天皇即位后也要求修改《大宝律令》，使其更加适应当时的需求。这一次主持修改律令的是藤原不比，因为当时年号为养老，所以被称为《养老律令》。

从《大宝律令》到《养老律令》，其内容变化并不大，后者基本上相当于前者的另一种表述，因此在当时没有立刻推行，而是隔了将近半个世纪后才推广开。这三部日本历史上重要的律令集，标志着日本律令制的发展和成熟。

为什么摄关政治可以延续？

前面我们曾详细讲过，日本的政治史就是一部外戚乱政史，历代历朝的权臣被人推翻，推翻者又成为新的权臣，仿佛进入一个循环。比如藤原家族，曾经是推翻苏我氏家族的第一功臣，却又在漫长的发展后，成为新的权臣世家。

从公元9世纪到11世纪之间，藤原家族利用“摄政”和“关白”的职务，以摄关政治的模式从天皇手中抢过权柄，独揽大权长达两百多年。尽管在天武天皇、持统天皇时期一度实现中央集权的天皇，也无法撼动摄关政治的根基。

摄关政治后期时，藤原家族的权力鼎盛，不仅在政治事务上实现了“一言堂”，就连天皇的废立也掌握在他们手里。虽然大多数藤原家所支持上位的天皇，都必然与他们有着血脉联系，但是天皇又怎么可能因此就习惯于仰人鼻息呢？所以，亲缘关系只能成为藤原家控制天皇的一种保障，却不是绝对的手段，有野心想要从藤原家手中夺回权力的天皇，还是大多数的。

之所以会产生这样极端的矛盾对立，是因为藤原家族对权力的把控实在是过于极端。当时，天皇朝廷已经完全被架空，成为举行各类官方仪式的场所，真正商议国家大事、颁布政令的地方不在朝廷，而在藤原家族的政所内部。藤原家族虽然没有天皇之名，但早已经有了帝王之实。

为什么会这样呢？藤原家族之所以能将摄关政治延续两个世纪，主要凭借的就是“有钱”。

班田收授制在一定程度上保障了天皇朝廷的富裕和对人民的掌控力，但是伴随着时代发展，庄园制开始取代班田制，特权庄园开始迅速增加。这一点我们在前面介绍经济发展的时候，曾经详细介绍过。庄园制的出现让大量庄园主开始拥有权力、人口和财富，土地开始从公有变成实际意义上的私有。这个过程中，豪强贵族、寺庙僧侣成为最大赢家，其中最大的庄园领主就是藤原家族。拥有广袤的庄园和劳动力，藤原家族变得毫无疑问的富有，这才有了将天皇朝廷架空的能力。可以说，外戚之所以能够在两百年间将天皇从权力中心排除，一个简单的原因就是藤原家族更有钱、更有人，仅此而已。

不过，摄关政治虽然在实际意义上架空了天皇，但是律令体系并未被打破，统治框架还是保持着过去的样子。在律令体系下，天皇是国家领导人，而太政官、摄政、关白则代替天皇执政。遇到重要的国家大事，由天皇和摄政、关白、公卿一同商议处理，其他的琐事或各领域相关的事务则由公卿负责。这个基础并未改变，即便藤原家族所代表的摄政关白拥有绝对的权力，但皇室公卿依然还有参与政治的机会和能力，因此国家权力还是掌控在大贵族阶层中。

直到后来，进入武家时代，才真正改变了律令体系，变成武士阶层执政、贵族没落的状态。

北条泰时的政治改革

公元 12 世纪，进入镰仓幕府时期，标志着日本幕府政权上台，武士阶层开始崭露头角。镰仓幕府建立之初，政权便把控在幕府初代将军源赖朝妻子北条政子及其家族手中。北条家族成为镰仓幕府历代执权的接任者，其中第三代为北条泰时。

北条泰时针对幕府情况推行了大量的改革，并主持制定了武士阶层变革后的新法令《御成败式目》，对武士职责和幕府法令进行了详细诠释，奠定了幕府时代的法典基础，无疑是一位非常出色的政治家。

北条泰时刚担任幕府执权的时候，就意识到改革迫在眉睫。初期的镰仓幕府没有可以依凭的法令，北条家族乾纲独断、专权集权的情况极为严重。这在早期未必会出现问题，但一个成熟的政体要想真正管理好国家，必须要有可以依凭的法令，以及职责分明的管理体系。对此，北条泰时就进行了改革。

他在 1125 年创设了“联署”这一职务，协助执权掌管幕府事务。当然，北条泰时之所以改革只是为了让幕府的管理体系变得更加成熟，更适用于长期管理国家，并非是将北条家族的权柄真正授予别人，所以联署一职还是交给了北条家族成员、其叔父北条时房来担任。除此之外，还设立了 11 名“评定众”，由当时对政令较为精通的御家人组成，这就是幕府所设定的最高决策官员了。每逢遇到大事，就由执权、联署以及评定众组成一个小型的“议会”，来商议解决。

毕竟“三个臭皮匠赛过诸葛亮”，再英明神武的领导者也一样有自己不擅长或者考虑不周的地方，能够组成一个人数合适的领导集体来商议解决，就可以避免独断容易出现的问题。除此之外，这也是一种权力的分润，毕竟蛋糕越来越大，不可能永远全被北条家族收入囊中，倒不如将其分散在北条家族下属的御家人中。武士阶层特有的御家人制度，让盟友或者上下级关系变得格外牢固，很难瓦解，所以这种分权也就变得更加安全了。

除此之外，北条泰时在 1232 年制定的《御成败式目》也对武士统治影响深远。哪怕后来的北条家族覆灭，武家社会代代更迭，这一法令带来的影响也依旧存在。

《御成败式目》的法令内容相对简单，主要为了普及基础法令，如幕府基本的行政规则、司法规则等，除此之外就是对各级武士的责任、权利和义务规定。在此之前，武士阶层的管理从未以法令的方式严格写明，但那时武士也还没有走上政治舞台，而现在建立了武士为领导的幕府，自然要以更加科学的方式对武士阶层进行管理。

因此，《御成败式目》的重点就是规定武士的行为准则和道德规范。武士精神的影响力，很大程度上源于法令对武士的道德束缚，最终让武士道德成为传承中极为重要的一部分。各级武士需要严格遵守规范，完成自身义务，不得因私废公，不能做出越权行为，更不能因为小利而损害国家。这除了是法令上的规章，更多的是一种道德要求。但千万不要小看这种道德要求，身为武士如果没有这些道德规范，做出不符身份的事情，是会被整个社会放逐的。所以，它的约束力非常强，甚至不弱于明确的法令法规。

北条泰时的改革，确保了围绕在执权周围的政治体系，同时也针对武士阶层颁布了全新的法令，对镰仓幕府时代的政权影响非常深远。

建武新政为什么寿命短暂？

1334年，镰仓幕府灭亡了，曾经流亡的后醍醐天皇重回皇位，改年号为“建武”。他在足利尊氏的帮助下掀翻了北条家族的改革，开始了建武新政，试图通过新政的方式来重新执掌权力。

从改革的内容上来看，“建武新政”兴旺的不一定是国家，但一定是皇室。天皇试图重新回到平安时代的模式，让权力再次掌握在贵族和王室手中，所以他在中央机构中任命的大臣几乎都是高级贵族，同时将大量的权力都攥在自己的手里。不管是平安时代出现的关白摄政，还是镰仓幕府时代出现的幕府，抑或是以上皇为中心的院政，这些政治机构只要是从天皇手中攫取权力，就通通都是一个结果——废除。后醍醐天皇对掌握在手中的权力十分珍惜，因此想让他主动学会分享是不可能了。

除了废除所有可能对天皇造成竞争的职位之外，后醍醐天皇还设立了新规，只要是和土地所有权、继承权有关的证书证明，全部要由天皇亲自写下才算有效。在这种情况下，我们先不关心天皇是不是会因为签字而签到手腕酸麻，只看天皇的这一强硬规定就知道，他是决心自己吃肉，也不给别人喝汤。

不仅如此，就连天皇重新设立的将军职位，如镰仓将军等，也都是安排给自己儿子的。也就是说，权力要么在天皇手中，要么在下一任天皇手中，总之没有别人的份儿。

这是完全的以人治国，一切的是非对错都掌握在天皇一人手中，所有的政务全部由天皇本人来决定，天皇的意志高于一切。不知道跟着天皇一起推翻幕府的人此时有没有后悔？毕竟北条家族再乾纲独断，还是愿意带着小弟们一起奋斗的，后醍醐天皇倒好，直接将所有人都扫到一边。这种“吃独食”的行为，在后醍醐天皇刚拿回权力的时候，是格外不合时宜的。

这就像是过河拆桥，河还没有完全过去就把桥拆了，总是要落水的。后醍醐天皇还需要武士家族的帮助，却立刻将武家势力排除在权力圈子之外，让武士阶层都感到非常不满。于是，后来建武新政没有顺利实施，可以说是情有可原的。

从建武新政的内容你就可以看出，为什么它没能顺利实施下去。过于乾纲独断、不肯分享的人，即便是天皇也一样不能成功。

“第二幕府”与室町幕府

建武新政昙花一现，天皇并没有真正将权力拿回手中，而幕府当道已经成为当时的时代所趋。所以，虽然北条家族被覆灭，但新的幕府还是建立起来，由当时拥戴后醍醐天皇的足利家族所创。

1378 年，将军足利义满在京都室町建立了一所豪华的将军府邸，从此足利家族所领导的幕府也被称为“室町幕府”。在室町幕府时期，新的统治机构与镰仓幕府时有很大不同，可以算作是幕府时代的新变革。

足利义满时期，室町幕府的政治机构雏形已经逐渐完备。在幕府将军之下，设有管领，协助将军进行执政。当时选择的执政家族有三家，都与足利家族有相对密切的血缘关系，堪称是幕府将军的“外戚”。这三家轮流担任管领之职，一家一次，人人有份，做到公平合理还能互相监督，简单粗暴却十分有效。而管领之下，设有政所、问注所等机构，由管领负责，平时处理政务、传达将军的指令，是整个政治机构中的执行中心。除此之外，由四个守护大名家族轮流负责京都的守卫以及基层事务，而幕府的财政与行政，则直接交给了幕府将军的家臣。

权力已经基本划分完毕，曾经在镰仓幕府时期起到举足轻重作用的“评定众”，在室町幕府中依旧存在，但是作用和影响力已经很低了，更像是一个昭示地位的荣誉称号，没有过去那么多的实际权力。而各地方守护大名的力量，则开始逐渐显露出来。

相比于“评定众”的没落，“奉公众”的逐渐兴起则刚好相反。足利义满将家臣和家族武士组成了直属部队，其中的成员都被称为“奉公众”。奉公众成为足利家族最核心的军事力量，平时要参与守卫幕府。将军直辖的土地若需要管理者和官员，也从奉公众中直接选择。去管理将军的土地是一个可望不可求的“肥差”，因为管理者可以将当地的部分年税当作自己的俸禄，几乎相当于“土皇帝”。这样的职位自然只有将军家族的武士和受器重的家臣才能担当。

前面讲的统治机构主要是集中在中央，而在地方上足利义满也进行了机构改革。首先，在全国各地设立了守护大名，由守护大名管理他们划分的土地。这种一定程度上的“自治”给守护大名相当大的权力，这也是后来室町幕府没落时，全国进入战国时代的原因之一。而在镰仓府，则有“第二幕府”专门管辖，长官由二代将军的弟弟足利基氏担任，此后也成为世袭职务。镰仓府之所以有第二幕府之称，是因为它的机构设立与室町幕府是完全一样的，同样有独立的政所、问注所、评定众等，几乎相当于一个小幕府，就像陪都一般。镰仓府的权柄全部掌握在足利家族手中，其管辖的关东 10 国中，无论是守护还是其他重要职务，全部是足利氏成员或者亲信来担任，直接保障了“第二幕府”的统辖区成为室町幕府的大后方，让足利家族有了另一个“大本营”。

这让室町幕府的统治更快稳定下来，顺利从镰仓幕府时期过渡。

在古代日本玩自治

室町幕府后期，幕府对于大名们的管辖和掌控能力越来越弱，最终幕府名存实亡，战国大名的存在取代了过去的守护大名，日本进入到战国时期。

这一时期，相当于是战国大名之间的割据自治。前面我们曾经介绍过战国大名，他们与守护大名是完全不同的，前者是幕府任命的官方指派人，虽然实际上在自己的土地有一定的自治权，但还是要受到室町幕府的统治和管理。好处则是名正言顺，是正儿八经的当地官方代言人。相比之下，战国大名更像是割据为王、占山头造反的地方武装，并不受幕府的统治，也不受幕府承认，全靠自己武力强悍才抢到了足够的土地，实现了变相的独立和自治。

这些战国大名有的是偏远地区的守护大名趁乱独立，还有的则是曾经的守护大名家臣，通过各种手段排挤掉曾经的上司，取而代之最终独立。曾经严格的武士阶层统辖关系，在大名林立的战国时代完全被打乱了，既然有些守护大名可以不承认幕府的权威宣布独立，又凭什么能压制住自己的下属或家臣，要求他们必须臣服呢？所以我们才会看到这么多颠覆阶层的权力争夺，下克上的时代到来了。

两千多年前的中国，就有人喊出了“王侯将相，宁有种乎”的宣言，而一向阶层分明的日本，产生这种想法并不容易。所以战国时代在整个日本历史上都是比较特别的。

战国大名们的统治也需要进一步巩固，虽然战国时期人们的关注点都在频繁的战争上，但如果后方的政治统治不够稳定，相互之间的战争也就很难取得胜利，所以在自己的管辖领域之内，战国大名们都进行了许多相对应的改革。

首先土地制度的改革非常重要，将土地和人口掌握在手中，战国大名才能够在军事对抗当中保障后方稳定，并且以绝对的实力取得胜利。所以在土地制度方面，大多数的战国大名都会将自己的一部分领地作为直属地，通过派遣官员设立机构的方式进行管辖。而剩余的领地则可以当作封地，用于奖励有功的家臣。为了获取大名们的赐封，拥有自己的土地，家臣们就会更加积极地参与到政治和军事工作中，这在一定程度上起到了很好的激励作用。而且通过分封土地的方式，也牵制住了获得分封的家臣，因为他们必须保证绝对服从，并且承担自己的义务，保障在战时服兵役，才能保有土地和财富。

除此之外，原本就拥有土地的小领主，则得到了变相的打压。战国大名们的方法很简单，让这些小领主依旧保有他们的领地不变，只是在名义上这些土地不完全是属于他们的了，而是由大名们赐封给他们的。这样一来，原本独立的小领主就变成了大名的家臣，自然需要奉献他们的忠诚，并且承担一定的义务。大名们通过自己的威慑力，不费吹灰之力就从小领主那里榨取到了资源，实在是好买卖。

对于这些小领主来说这并不公平，但相比于被大名彻底除灭，先低头服软才是当务之急。不要以为他们属于自带土地加入到大名的集团中，地位就可以更高，事实上那些被赐予封地的家臣才是战国大名们真正的心腹。只有这些深受信赖的家臣才可以承担核心的行政工作，属于被打压而纳入的家臣往往是待遇比较低的，很难有参与核心政权的机会。

大名们的土地可以分封给家臣，家臣也可以将属于自己家族的土地分封到武士身上，通过层层划分的方式构建一个完整的利益群体。如果一个武士能够拥有土地，则被称为“国人”，负责管理土地但自己没有土地的，是“地侍”。他们之间可不仅仅是地主和长工的关系，一旦遇到战争，前者就是杀伤力较强、地位较高的骑兵，后者则会组成步兵，连在战场上的待遇都不一样，实在是赤裸裸的差距。

为了加强对这些家臣们的管控，大名们一般都会要求家臣居住在自己所在城镇的周围，住得近才能管得住，否则天高皇帝远，谁知道他们是否有异心呢？除此之外，战国大名们自己还会制定各类家法，规定家臣和主君各自应该享有的权利和必须承担的责任。这些家法可不单单为了保障家臣对主君的忠诚，甚至还详细囊括了关于土地管理、家族继承、婚姻和财产的各项规定，是主君和家臣家族的内部法令。

由此可知，主君不仅享有对家臣的领导权，甚至对其家族成员的婚姻和财产继承都有直接影响和干涉力。这种威慑应该就是为了体现主君和家臣之间的上下级关系，只有通过不断强调这种关系，才能保障统治的稳定。

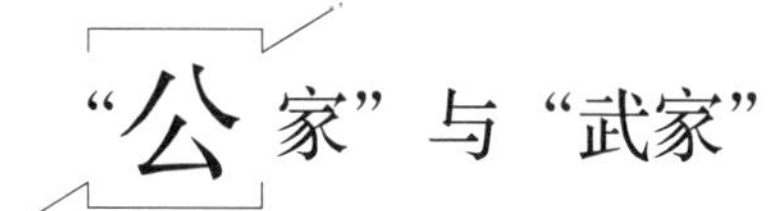

“公家”与“武家”

在幕府时代，武士阶层的兴起，让“公家”和“武家”这两个词变得更引人注目起来。到底什么是公家？什么是武家呢？

公家往往指的是日本的贵族和华族，而武家则是武士阶层。在贵族统治的时代，天皇想要借助武士阶层的力量，从公家手中夺取权力。然而当武士当道时，天皇也曾联合公家，要将武家的统治摧毁。这两个阶层属于两个利益集团，在日本历史上你方唱罢我登场，演了一出漫长的历史大戏。

公家有堂上和地下的区别。由于贵族和华族因为姓氏便可以授予官位，如果官位在“从五位下”级别以上，就有机会在朝堂上奏对，有面见天皇的资格，所以被称为“堂上”。相比之下，官位低于“从五位下”的，没有机会上殿，也就被称为“地下”。

在公家阶层中，不论是堂上还是地下，抑或是其他身份，都与血统有密不可分的关系。如果出身不好，那么就算有再大的能力，也很难突破阶层的限制去获得更高的职位。比如公家中最高贵的血统被称为“摄家”，近卫、九条、一条、鹰司等摄家，祖上都是藤原氏血脉。这些家族的成员最高官至摄政、关白，可以掌控朝廷大权。

相比之下，“清华家”则次之，共有九个家族，是藤原氏和源氏的后代。他们在律令制当中官职可以做到太政大臣，但不能成为摄政关白，这是家族血脉的限制。

除此之外，按血统由高到低，还可分为“大臣家”“羽林家”“名家”“伴家”等，这些家族数量更多，但大多数都与藤原氏或平、源氏有或远或近的血脉关系，或者有家族世袭传承的特殊技能，可以在朝廷中发挥作用。以贵族血统来划分的公家阶层，过去可能还有一定的优势，但伴随着社会逐渐发展，这种长期保持稳定的社会结构必然会被打破。所以在武士阶层兴起、幕府逐渐登上历史的时候，公家的身影就越来越少地出现在政治舞台上，逐渐被权力中心所排挤。

武家则是围绕在幕府将军周围，由武士阶层构成的幕府体系。武家的阶层，更加简单明了，权力中心的是幕府将军，也被称为“征夷大将军”，将军的家族在幕府时期才是朝堂真正的领导者和统治者。在将军之下，则是大名，各大名又有自己的幕臣，在各地方上还有藩臣，身份依次降低。

武家也同样是以家族形式来传承的，本质上除了出生于武士阶层外，其实与公家的阶层并没有什么差别。但武士阶层的兴起导致的社会变革，让许多曾经在权力圈之外的家族有机会进入权力中心，这在某种意义上也是一种阶级流动。

阶级流动必然导致权力争夺，这也是整个日本历史上无法被忽略的地方。

吸取教训设立“幕藩制度”

结束战国时代的是丰臣秀吉，作为难得一见的军事天才和政治天才，他无疑是一位名副其实的优秀领导者。但在统一日本之后，丰臣秀吉所选择的统治方式过于独断专行、大权独揽。这就导致他去世之后留下的继承人不能服众，也没有合理的政治机构可以帮助他管理，最终大权旁落，被德川家康所取代。

德川幕府在政权建设上特别吸取了这个教训，并没有以中央集权作为唯一目的，而是建立了完备的幕藩制度。这一点我们不得不夸赞德川家康实在是老谋深算，不仅耐得住寂寞能守到成功，而且是个相当聪明的政治家，不贪恋权力，懂得怎样才能让权力长长久久把持在自己家族手中。

幕藩体制很简单，就是将幕府设立为中央政权，在地方上划分独立的藩，以中央统辖地方的方式进行管理。德川幕府的中央机构和负责统辖地方领地的机构也是分开的。中央主要是以幕府将军为首，在将军之下设立三个职务。其中最高的官职为“大老”，这一职务平时不一定会设立，只在特殊时期授予某些人协助管理幕府，比如战时等。日常行政的最高负责人是“老中”，相当于幕府的大管家，负责日常的政治事务。另外，设立“若年寄”来协助老中进行行政管理，保障政务通畅。

除此之外，德川幕府为了保证对各地方的大名和武士进行监控，专门设立了监察的职位，有的负责监察大名们的活动，有的则负责监察管理一般的武士。一旦他们做出了有违法令的行为，就会受到监察的处理和审判。而管理幕府直辖地的则被称为勘定奉行，其下辖的职位不同，又有“大番头”“书院番头”等，番头主要进行军队上的军事管理，类似于现在的团长、连长等。

地方上，则设有专门的奉行，用于管理政治事务。其中，城代就相当于县长或者市长，负责管理城市中的重要事务，一般来说也只有较为发达的城市才会有资格拥有城代。针对那些比较特殊的城市，还会设立“町奉行”等职务，在幕府时代，拥有着像直辖市一样的特殊地位，受到幕府将军的特殊关注。

德川幕府还设有将军专属的秘书团，被称为“御用人”。一般能够成为将军秘书团的成员，就意味着得到了将军的倚重和信任，所以一般都是亲信才能够担任。一旦成为御用人，意味着很容易揽过大权，成为传递将军政令甚至将军政治顾问的角色。御用人相对于其他制度而言，并不十分严格，没有规定将军御用人的数量、具体工作等，但正是因此才创造了更多可以发挥的机会。德川幕府后期，相当多的权臣都来自御用人。

从享保改革到宽政改革

德川幕府的统治持续了相当长的时间，从中期开始幕府的统治开始面临各种各样的社会问题，也出现了一些较有才华的幕府将军，通过改革的方式，让德川幕府能够稳定政权，保障社会正常发展。

其中幕府的第八代将军德川吉宗就是一位，他通过自己的执政经验，进行了享保改革。德川吉宗是一个很有趣的将军，他行事较为中立，不偏颇不任人唯亲，并没有依赖自己的心腹，而是在执政时重视老中、若年寄以及奉行这些幕府官员的作用。

但这并不意味着他是一个非常放权、不爱独裁的将军。相反，政权在德川吉宗时期更多地收拢在了将军手中。他认为官僚是辅佐自己的角色，而政令的裁决应该由将军自己来进行。所以从德川吉宗开始，幕府将军的影响力其实是得到了进一步提升的。

享保改革除了集权之外，还让德川吉宗实现了分权。过去老中这一次职位由多人担任，大家通过商议后进行裁决，而德川吉宗将其中的一位定为专门负责财政，这就将权力分开了。曾经的勘定奉行被一分为二，分别担任司法官和财政官，其中财政官负责对全国各地的财政官员管理、指挥。对于地方上的办事机构，德川吉宗也进行了一定的改革和调换，这些都是在推行之前幕府将军的改革，也是享保改革的重要表现。

享保改革的另一个变动，是真正实现了不问家族、不问出身选拔人才。对于办事机构中的官员，幕府将军按照职位决定俸禄，不再按照家族关系来安排官职。比如在过去，要成为勘定奉行，必须要满足家禄 3000 石，这就要求担任这一职位者，必须在武士阶层拥有一定的地位，如果地位不足则俸禄不够，即便能力再强，也没有办法成为勘定奉行。通过享保改革，实现了按照能力来决定职位，即便俸禄 1000 石的武士一样可以成为勘定奉行，同时还可以获得职务补贴，再领 2000 石。

享保改革除了注重挖掘人才外，对幕府的财政也进行了一番大刀阔斧的改动。首先是勘测全国的土地和人口，通过对土地和人口的进一步记录和掌握，保障幕府对国家的掌控。在这个基础上，为了遏制当时奢靡成风的现象，颁布了节俭令，敦促上下力求节俭。其次则是要求各藩的大名每年进贡辖下百分之一的粮食，以缓解当时幕府财政紧张的问题。当然，这要求也不可能平白提出，各藩大名每隔一段时间需要去江户地区的幕府所在地述职，为了确保幕府对于大名们的掌控，他们必须要待半年至一年，而进贡粮食之后，这一时间缩短为半年。

除此之外，享保改革还规定了一系列促进生产的政策。当时的德川幕府面临着财政紧张的问题，而社会则出现了严重的贫富分化，商人囤积居奇，粮价上涨，百姓苦不堪言。为了解决这一隐患，享保改革也鼓励百姓种植经济作物，以保障自己的收入，同时打压工商业，通过建立商会等方式来平抑米价，避免出现粮食价格疯涨导致社会不稳定。之后为了防止农民失去自己的土地，还颁布了禁止土地流通的政令，即便是农民抵押出去的土地，也必须归还他们，防止田地无人耕种，或者农民流离失所。

这些政策都在一定程度上针对了当时紧张的社会问题，并且让百姓们的生活过得更好。但是日本德川幕府时期所面临的社会问题，显然不可能通过一次政治改革就全部解决，在 11 任将军德川家齐领导时期，还是不可避免地出现了因为歉收而导致的粮价暴涨。长期的饥饿让底层百姓愤怒不已，在全国多个城市都出现了打砸米店的运动。

这一问题暴露之后，“宽政改革”应运而生。宽政改革的中心思想与享保改革是一致的，遵循着享保改革时期的方针，通过稳定下层百姓、平抑粮食价格等方式，缓解当时的矛盾。只不过宽政改革的方针制度更加严格，比如同样颁布节俭令，宽政改革就明确要求经费压缩，节省三分之一的幕府经费以用于民生。除此之外，对于较为贫困的低层武士，宽政改革还直接免除了他们的债务，保障社会的安定。通过一系列方式鼓励农民回归农村种植田地，并且奖励当地开垦荒地有力的官员，还颁布了专门的法令储备粮食，以避免荒年出现粮食价格暴涨的情况。

宽政改革的法令更加详细，在保障社会稳定方面提供的措施更加全面。这也侧面显露出当时幕府的统治已经面临极大挑战，所以“维稳”成为第一要务。宽政改革本身并没有解决本质问题，而且由于一些措施过于严厉，最终也未能推行到底。

近代天皇制·君主立宪

虽然德川幕府进行了一系列改革，以应对时代的变革和当时日本所出现的问题，但并没有从根本上解决，所以最终倒幕运动还是愈演愈烈。幕府末期，倒幕派开始出现了要求天皇亲政的要求。

在漫长的日本历史上，天皇的地位逐渐神化，逐渐变得至高无上。所以天皇虽然并不亲政，但在人民心中的威望甚深，在幕府没落的时期，很容易因为威望而聚集拥护者。由日本底层武士所组成的倒幕派，就将期望放在天皇身上，认为应该效仿欧洲，进行君主立宪，让天皇重新回到政治中心。

要知道，自镰仓幕府开始，武士阶层进入权力中心，天皇就被架空了。这几百年的时间内，并没有一个天皇能够真正掌握实权。而近代的倒幕运动之后，明治天皇成为近代第一个拥有实权的天皇。

明治天皇主持进行了“明治维新”改革，让日本近代的君主立宪制度得到进一步完善。也正是从明治维新开始，日本从幕府时代的衰落逐渐走了出来，开始进入到一个新的发展时期。

当时的天皇是拥有实权的，但近现代的日本君主立宪并非是一直如此。第二次世界大战时，日本是侵略国和战败国，当时在位的是天皇裕仁，因为他直接参与了这次侵略其他国家的战争，所以也在战后付出代价，但实际是远远不够的。在美国的主持下，日本在战后建立了真正的议会民主制度，原本天皇应该被治罪，但因为上千年间天皇在日本民众心中神化的形象，所以并不愿意从此失去皇室和天皇。美国选择允许天皇作为国家元首存留下来，但只是象征性的，并不具有任何实权，也不拥有任何特殊地位。1946年，在美国要求下，裕仁发表了宣言，承认天皇的身份与平民是一样的，从此只作为国家象征而存在，不再参与政治。所以进入近现代，日本君主立宪制度其实也有彻底的变化，天皇从掌握实权变成了彻底的国家象征，只参与一些礼仪性的外事活动或者需要出席的政治活动。

这就是为什么现代的日本君主立宪与其他国家有些不同，日本天皇不保有任何特殊政治权利的原因，但裕仁也逃过了法庭审判。

第六章 日本文化的发展

学习中国好榜样

在日本漫长的文化发展史上，中国一直对它有不可忽视的影响。我们常说，中国和日本乃至整个东亚的文化土壤是一样的，所以虽然说着不一样的语言，但有些文化历史和情景只有东亚人能够明白。之所以如此，是因为东亚文化在历史上始终以中国文化发展为核心，辐射周边地区，所以日本的文化史少不了融合来自中国的特色，最终形成独属于民族的文化。

大和时代，通过接触朝鲜半岛，日本学到了直接或间接来自中国的文化，深受中国先进技术、思想的影响。在这之前，日本的制陶技术不够发达，而大和时代前期出土的大量陶器带有显著的中国特色与技术特点，说明这是跟中原的邻居学的。

除此之外，他们还学到了制作铜镜、铁器、农具乃至马具的技术。相对于其他文化来说，这些能提高生活水平、生产力和军事力量的技术，才是至关重要的。除此之外，中国无愧“丝绸之乡”的名称，日本的养蚕缫丝技术也直接来自中国。

这一时期有大量中原百姓因为躲避战乱来到日本，被称为“渡来人”。渡来人大量迁徙，不仅带来了技术，还影响了日本的美学。当时建造的宫殿、陵墓等，因为有渡来人的参与和帮助，导致其风格与中国建筑十分相似。

除了建筑美学，儒家思想和佛教的传入，也是改变日本大和时代思想文化的重要表现。公元 6 世纪，百济王朝和日本关系十分密切，百济派遣五经博士，将儒家思想传入日本列岛，并将佛教也传入日本。

大和时代的日本，文字尚且处于萌芽状态，更何况如此成体系的思想和文化？它就像一个初生的婴儿一般快速学习成长，也很容易成为思想扎根的土壤。所以，此时传入日本的佛教文化与儒家思想，在未来上千年间都对日本有着深远的影响，甚至成为如今日本的文化基石，这可能是当时的人们并没有想到的。

这个孤立的岛国，就借由朝鲜半岛这条“文化之路”，学到了来自中国的文化与技术，并将其化为己用，最终衍生出独属于自己的文化。

佛学与儒学在日本的胜利会师

圣德太子的改革，在思想文化上有一个典型特点——融合了儒学和佛学。可以说，圣德太子改革就如同这两种思想胜利会师的标志，使得儒家思想和佛教文化在日本得到了非常好地融合与发展。

早在604年，圣德太子制定《十七条宪法》的时候，就已经将儒家思想和佛教思想体现在了这一宪法当中。这里面所体现的儒家思想，是汉朝之后罢黜百家所遵行的儒术，其最大的特点就是可以帮助统治者维护统治，体现君王的权威。这点正好与当时天皇朝廷的需求相吻合，圣德太子为了体现天皇的至高无上，所以就在宪法当中以儒家思想为基础，进行了一系列的诠释。

比如，其中一条“承诏必谨，君则天之，臣则地之”，显然就是说，天皇君主应该像天一样尊贵，而臣子就像地一样位于天之下。这与儒家思想所强调的“君权天授”、皇帝为“天之子”不谋而合，所以是融合了儒家文化的。

当然儒家思想给日本带来的不仅仅是统治的便利，也开拓了统治者的眼界和思维，让他们能够以更好的方式去诠释君臣百姓之间的关系。比如儒家思想所体现的爱惜民力、重视农桑、体恤百姓，也都在圣德太子的政令改革当中有所体现。除此之外，改革当中也体现了佛教思想的一些特征，比如讲求信义、讲究善恶有报、提倡无私和不妒，这些都是佛教传入日本之后，对贵族阶层所产生的影响。

从贵族到平民百姓，对佛教的推崇是显而易见的。历任天皇或权臣当中，推崇佛教的比例极高，即便在政令上他们有分歧，但大多数都赞同佛教为日本数一数二的重要教派。甚至在绝大多数时间，佛教都作为日本的国教存在着。

圣德太子时期就明确说明了佛教为日本的国教，而且由贵族和天皇朝廷带头兴建寺庙。别看圣德太子执政的时间并不长，在历史上是一位英年早逝的领导者，但在他执政期间，仅是他自己主持建造的知名佛寺就有四天王寺、法隆寺等，还不包含其他小型佛教建筑。

佛教讲求众生平等、因缘果报，与日本传统文化之间有着非常强的适应性，虽然在刚传入时，与日本传统的神道教之间产生了一些矛盾，但天皇朝廷通过宣扬佛教与神道教之间相似相通的教义，很好地淡化了它们之间的问题，从而保障了这些宗教可以在日本被人共同信仰，进而通过这些信仰来维护天皇的统治。

佛教都能够与日本传统的神道教和谐共处，更不要提和包容性极强的儒家思想的融合了。所以在整个日本历史上，文化都少不了受到这两者的影响，传承着它们的思想内涵。

读佛经，还是唐朝的正宗

646年，大化改新开始推行，自此一直到奈良时代，都是日本“白凤文化”的繁盛时期。这一阶段正是唐朝鼎盛的时候，日本频繁派遣遣唐使，在学习先进的政治制度以及科学技术之余，也深受来自大唐的文化影响。可以说，白凤文化的核心，就是在唐文化的影响下，衍生出日本自己的文化特色。

唐朝时期，中国也尊崇佛教，相信大家即便对历史了解不深，从贞观年间“玄奘西游”的典故中也能窥见一二。盛世唐朝在佛教文化的影响下，诞生了许多知名的文化艺术品，如著名的唐代佛寺与雕塑、宗教画像等。

这些文化传入日本之后，也得到了一向尊崇佛教，以佛教为国教的日本朝廷的喜爱。在白凤文化时期，整个日本的思想文化也是处在佛教艺术周围的，而且具有典型的唐朝特色。

比如在天武天皇时期，天皇开始大力保护佛教并且进一步强调佛教的国教地位，为此推行建造了大量的官寺，例如大官大寺或药师寺等。通过在这些寺庙举行法会，以朝廷的影响力来推动佛教在国内的发展。

上行下效，所以各地方贵族也开始纷纷建立起属于自己家族的寺庙，以供奉信仰。到692年时，日本全国叫得上来的寺院已经有了540多座，在这小小的岛国上，有如此密集的佛寺建筑，还不包含未统计到的小型佛寺，可见佛教强大的影响力。

这是因为这一时期大力推崇佛教，且大量建造了寺庙，所以在后世流传下来的佛寺建筑中，也是白凤文化时期的典型建筑最多。而且你会发现，这一时期的建筑风格与唐朝寺庙和建筑是极为相似的，甚至也影响了日本后期的建筑特色。这就是为什么我们认为日本的古代建筑和宗教建筑总是带着浓浓的唐朝风味，就是因为白凤文化时期的建筑风格受到了极为深刻的影响，并进而影响后世。

现如今的日本还可以看到一些当时建筑的遗迹，比如药师寺东塔，就雕刻着药师寺的三尊药师佛像，同时还有一些代表性的壁画，可以在寺庙当中参观。这种对于历史遗迹的保护，不得不令人称赞，从这一点上讲，日本文化的传承是非常完整而且珍贵的。

日本推行佛教，尤其喜欢跟自己强盛的大唐邻居学习，所以不管是读佛经也好，还是解读其他的文化思想也罢，都与唐朝有着密不可分的关系。比如当时的大友皇子等，还创作了大量的汉诗作品流传于世，他们用汉字和汉语方式来写诗作赋，这在当时是有别于和歌的。而且贵族阶层能够作汉诗被视为一种文化素养的体现，可见对于唐朝文化的尊崇与向往。

天平文化·跟着唐朝学修史

天平文化是奈良时代文化的一个代称，这一时期的文化依然受到唐文化的影响。没办法，不仅我们自己以盛唐为傲，就算是日本这个一衣带水的邻邦，直到现在提起中国唐朝也都带着近乎崇敬的向往，那实在是一个不可思议的时期。

唐文化在天平文化中的影响体现在很多方面，而最有趣的是，你可以在这一时期的史学编纂上看到相当明显的唐朝烙印。跟着唐朝学修史，是天平文化的一个重要体现。

其中最典型的就是国史，这是天皇为了树立皇家的权威专门颁布编纂的。日本天皇之所以在历史上有着近乎神的地位，与国史当中对天皇的美化绝对有不可分的关系。甚至在后世的考据当中，人们认为一些天皇的形象是全部虚构的，在历史上甚至不存在这一角色。正是这些似真似假的记载，让天皇的角色在日本变得至高无上和神秘高贵起来。

712年，三本记载“国史”的《古事记》正式颁布，以天皇家族为叙事中心，讲述了自开天辟地以来，一直到大和时代结束的故事。这一时期的日本，其实并没有文字记载，所以这三本“历史”与其说是记载史诗，倒不如说是将神话传说编纂得更加系统，能从其中窥见一些日本民族的发展痕迹，已经是极为幸运的事情了，要是真把它当历史书来看，恐怕你会怀疑自己的人生。

相比之下，720年成书的《日本书纪》显然更具有参考价值。这是一种编年体史书，记载文字选择了汉文而非日本假名，不论是从史书的记载格式还是从记录文字来看，都少不了唐文化的影响。

从此以后，官府一直续修日本史，以大量的历史书籍来补充过去缺失的史学记录。除此之外，在713年，日本朝廷还仿照唐朝开始修撰地方志，记载不同地区的山川河流发展史、风土人情、当地传说或者地方家族发展。现如今大量的地方志都已经遗失了，但还是有一些残片留存下来，可以看到当时的修撰情况。

你可能不知道，中国是全世界唯一一个坚持历朝历代记录历史，从而保存了完整的发展记录的国家。这大概也是中华文化传承深远的原因之一，当其他的古老文明因为战乱或种种原因而湮灭的时候，我们却通过文字，将过去发生的事都记录了下来，国家有国史，家族有家族志，所以文化才一直未断绝。日本自天平文化时期才开始重视史料的修撰，这决然是受到了唐文化的影响，所以现在也将史书看作是天平文化的一个重要特色。

念唐诗的不一定是中国人

进入八世纪末的平安时期，日本的弘仁·贞观文化开始盛兴——显而易见，从名字你就可以确定，这一文化也依旧深受唐文化的影响。

平安时期文化的一个重要特点，是佛教思想开始在民间兴起。在过去的诸多年间，日本朝廷虽然大力推崇佛教，并将其立为国教，但佛教的传播从某些意义上讲，一直是自上而下的，由皇帝和贵族先进行推广，再进入百姓阶层。然而，在平安时期，民间的佛教开始有了创新，衍生出属于平民百姓自身认可的佛教文化。

比如，相对而言日本百姓更认可传统的神道教，而佛教则成为日本的国教。在基层传播过程中，作为本地文化的神道教必然会与外来的佛教产生碰撞，最终进行融合。

外来宗教和本地宗教融合之后，会产生怎样的效应谁也不清楚。我相信你也听说过，在我国现在的民间还能看到寺庙里同时供奉关公、如来佛和耶稣的情况吧？这大概就是宗教在互相融合之后进入民间的一种方式。

所以诞生于民间的佛教，必然与天皇和贵族所崇敬的佛教有一定差别。

当然，这些民间佛教并非上述所说的那么猎奇，不同的佛教流派也都是由著名的僧侣所创立，比如僧侣空海在修习密宗之后创立真言宗，创立者空海就是在日本历史上赫赫有名的高僧。这些流派有的主张在山中修行，有的则主张入世而行，根据其主张不同留下的建筑和佛像也有着明显的差异。那些主张避世的佛教，其寺庙多依山傍水、避居人世，而且佛像也带着浓浓的神秘意味。但不管如何，其艺术价值和思想价值都是不言而喻的，是智慧和美学的体现。

平安文化的另一个特点是，当时的文人学者十分推崇汉诗和汉赋。主要是因为当时的政府官员多是出身良好的贵族，而派往唐朝的使节、学生回国之后都会备受重用，因此这些擅长唐文化并且对唐朝文化有一定向往的学者，掌控了当时的文化话语权。所以，一时间日本的上流阶级无不以熟知唐风文化为荣，就连宫廷也时常召开宴会，请官员或文人雅士吟诵汉诗。所以这一时期流传下来的汉诗数量和质量都很高。

当然与之相对，唐文化和汉诗在日本风靡，日本传统的“国风文化”就遭受了打压，所以在文学史上，日本人也称其为“国风黑暗时代”。当然，国风文化并没有就此没落，在平安末期再次兴盛起来。

假名字母带动日本国风文学

907 年，唐朝灭亡。从此，日本停止派遣遣唐使，与中国之间的联系变得越来越少。这一时期他们不再频繁接触和学习外来文化，而是开始吸收内化唐文化的精髓，并将其与自身的文化相结合，最终造就磨合出独属于日本民族的审美观。在这一时期，日本民族的文字才真正发展成熟。

从公元五世纪开始，日本人就开始借助汉字来表述语言，真正实现了以文字来记录语言。但这些文字大多数是汉字，或者脱胎于汉字，而独属于日本自己的文字——假名的发展则比较曲折，尤其是日本朝廷一直推崇中国文化，乐于使用汉字，所以假名的发展一直不够系统，一直到公元 11 世纪初才相对成熟。

假名的成熟，标志着日本拥有了自己独特的文字，从此日本的国风文化开始大力发展。比如用假名来书写的诗歌，在日本称为“和歌”，是日本文学的重要组成。在之前历代，因为唐文化的影响甚重，所以和歌的发展磕磕绊绊。而平安末期，大量的以假名字母为主体书写的国风文学才开始繁荣起来。

这一时期如果说起代表作品，你会发现一个非常有趣的现象——大量的国风文学代表作都是由女性创作的。比如日本著名文学作品《源氏物语》《枕草子》都是由女性贵族所写。

出现这样有趣的现象是因为多种原因：首先，这一时期的院政文化和摄关文化发展较为稳定，平稳的政治局势让上层社会有足够的时间发展成熟，大量的贵族女性有时间也有兴趣培养文化。假名最开始就是女性使用的，因为身为官员的男性大多都会使用汉字来记载文书或交流，所以贵族女性是接触假名文字最多的；除此之外，当时的贵族女性若文学素养较好，就很容易得到来自天皇和大贵族的推崇和宠信，有条件的贵族女性自然会向着这个方向发展。种种原因就让当时的宫廷文化变得繁盛，而以假名为记录方式的国风文化，也在女性的手中最先繁荣起来。

假名字母的出现，最终带动起日本国风文学的发展。即便在日本历史上，曾经长久地选择使用汉字来记录，最终他们也会渐渐倾向于选择自己的文字，所以国风文学的发展是必然的。

程朱理学在日本

南宋时期所形成的程朱理学，在后来的中国历史上，有着非常重要的影响。程朱理学所提倡的“存天理，灭人欲”，以及对社会秩序和个人道德的强调，与统治阶层的需求不谋而合，所以在后期成为统治阶层束缚和控制人们思想的重要利器。

镰仓时代，程朱理学开始传入日本，幕府将军通过对程朱理学的了解也发现了它的最大好处。这一思想强调社会秩序，强调忠孝仁义，提倡人们应该遵守礼法，按照本分做事，同时最强调的就是不能“以下犯上”。这对统治和领导者来说，简直是最好的代言人，所以不仅在中国得到了支持，在幕府将军手中一样得到了宣扬。

不过当时的武家政治比较复杂，武士精神和禅宗思想融合在一起，导致不同时期、不同立场的统治者对程朱理学的诠释也是不一样的。但有趣的是，不管是什么人、对程朱理学的诠释有怎样的差异，最终他们都能说出一二道理，让其为己所用。

比如镰仓末期，后醍醐天皇在推翻幕府统治时，深受程朱理学中“大义”思想的影响，所以他认为镰仓幕府代天皇执政的行为是有违大义的，是不符合其身份的，这为他宣扬倒幕运动提供了理论上的依据。

但对镰仓幕府的统治者而言，解读程朱理学就可以从另外一个角度。比如在《平氏物语》中，讲述平清盛家族的兴衰与发展时，就宣扬了程朱理学所讲的“盛极必衰”的观点，让人感叹世事无常、月满则缺，充满了文学上的悲剧色彩和哲学思想。

而僧侣所著的书籍中，就将理学和佛教思想结合在了一起，从社会动乱或天灾人祸当中解读深刻的哲学观。

这种变化差异展现了程朱理学在日本是如何“落地”的。任何一种思想，在传播过程当中，都不可能是永远不变的，必然会根据接收者的立场和思维方式而产生改变。程朱理学能够在日本得以推广，正是因为和日本的民情与政治需求结合，最终呈现出新的成果，所以才能够发展得很好。

禅意十足的北山文化

室町幕府时期，北山文化是很有特色的一个代表性文化，在第三代将军足利义满统治时期逐渐兴起。

这一文化有着非常典型的特点，就是将贵族式的公家文化和武家思想融合在一起，同时又有典型的佛教气息。

足利义满将军可以说是当时的“文化领航人”和“时尚弄潮儿”，他在京都北山建造了新的将军府邸，因为府邸建筑得太有特色，成为北山文化的代表建筑。在他所建造的将军府邸中，最有特色也是最为著名的是金阁，这一建筑兼具传统的贵族审美，同时还与当时的禅宗文化相结合，带有典型的寺院风格。这是因为足利义满除了是一个武家贵族之外，还是佛教的推崇者，他钟爱临济宗，就将临济宗作为中心，围绕着它在京都和镰仓各选择了五个寺院，称为“五山”，作为当时禅宗地位最高的寺院。除此之外，还有“十刹”，其他的寺院都要排在后面。作为幕府将军还要亲自过问寺院排名，可见足利义满对于禅宗发展的关注和喜爱。

这直接导致他在建造府邸的时候，将独属于自己的审美观念融入了建筑之中。出身于武士家族的足利义满，骨子里当然有典型的武家思想。但与此同时，他还是幕府将军，处于武家的上层阶级，作为统治者也与传统的贵族审美有一定共鸣。在这个基础上，热爱佛教文化又影响了他的选择，杂糅之下才诞生了北山文化。

如果没有足利义满，北山文化是不可能出现的。这就是一个以幕府将军为中心所衍生出的文化系统。比如北山文化中著名的“五山文学”，就是由足利义满所推崇的“五山十刹”僧人所创造的，他们因为精通汉文化，所以创造了大量的汉诗，这在国风盛行的当时显得独具特色，因此被称为“五山文学”。

北山文化发展时期，民间艺术也有着蓬勃的生命力。在过去的民间艺术基础上，出现了以戏剧形式表演的“能”。“能”的表演以歌舞戏剧为主，但是表演者在演出时并不露面，而是带着各种夸张的面具，以增大其艺术表现力。最开始，这样的表演形式是为了给寺庙筹措建造费，所以往往在寺庙的引领和保护下进行剧目表演。著名的表演者不仅能够得到诸多寺庙的支持，可以结成剧团进行巡回表演，还能得到来自将军的赞赏和肯定。这在当时是一种非常流行的艺术，因为北山文化与禅宗精神密不可分，而“能”的艺术表演也与禅宗息息相关，所以也成为北山文化在民间的重要创新。

北山文化发展时期，佛教禅宗的影响力在文化中成为核心。即便是现在，你还能从建筑上看出典型的北山文化特色，那就是追求曲径通幽的禅宗艺术。

不务正业的将军·文化的先驱者

在室町幕府时期，有许多将军都在文化艺术上有很大贡献，其中绝对不能忽略的就是足利义政。

1443 年，第八代将军足利义政即位，但这位将军着实算不上一个贤明的领导者，与其说是当一个政治家，倒不如说做一个艺术家。足利义政几乎不过问幕府的任何政治事务，也因此导致他在任期间爆发了战乱，京都几乎付之一炬。这个热衷于玩乐的将军显得相当不务正业，但这并不意味着他的一生就是失败的，因为他在文化上有自己的突出贡献，那就是创造了“东山文化”。

和足利义满所创造的北山文化不同，东山文化有典型的武家文化特征，但是在这个基础上也融合了当时社会上流行的多种文化，比如中国文化、地方文化以及贵族和平民阶层的文化。东山文化被视为是现在日本民族思想和精神的雏形，当代日本的民族审美大多脱胎于东山文化。由此可见，在文化史上足利义政拥有举足轻重的地位，甚至比幕府将军的地位还要高，这让我们不得不感慨，让一个艺术家去玩政治，实在是太难为他了。

东山文化时期，传统文化和禅宗思想结合更加紧密，比如当时的“枯山水庭院”，就是主要以峻峭的山石和花木组成的，通过精巧摆放，让显得嶙峋的山水庭院充满了寂静之美，带有禅宗的幽静和旷达，是非常高雅的审美艺术。

东山文化是贵族文化和市民文化结合产生的，所以这一时期的文化发展开始跨阶层，如日本的茶道和花道，就在这一时期得到了推广，奠定了其在日本文化史上的地位和影响力。除此之外，还出现了跟“能”的表演方式有密切关系的“狂言”。如果说“能”是大型歌舞戏剧，那么“狂言”则类似于喜剧小品，一般穿插在“能”的表演之间进行，主要模仿一些民间故事和流行故事，使用的也都是平易近人的日常对话。这种方式很好地吸引了当时的民众，是民间较为流行的文化艺术。

东山文化之所以能传承下来，并发展为现在日本文化的基础，正是因为它不仅保障了贵族审美，而且兼顾了民间艺术，既受到统治者的推崇又能走入民间，这才成为有“国民度”的文化，自然能得到更好发展与传承。

茶文化的发展

毋庸置疑，茶道是从中国传到日本的。

隋唐时期的中国与日本之间有着密切的交流，日本多次派遣“遣隋使”“遣唐使”前往中国，学习文化、艺术、思想和政治，当时就已经有人带回了茶叶，然后养成了人们的喝茶习惯。之后，官方的交流中断了三百多年，直到南宋时期，日本禅师明庵荣西两次前往南宋，也顺势带回了茶这种作物和栽培之法。

日本和两宋之间友好的关系和互相交往的历史，我们在前面已经介绍过了，这里只讲茶道。

荣西禅师被日本人称为“茶祖”，之所以如此说，就是因为他所带来的种植茶的方法是当时独一无二的，在这之前日本的茶大概都得靠进口。而荣西禅师对茶的推崇已经到了称其为“仙药”的地步。

将饮茶升级为“茶道”的人，则是僧人出身的村田珠光。少年时的村田珠光爱上了斗茶的游戏，因为耽于玩乐被寺院开除了。什么叫斗茶呢？就是根据尝味道、闻香味来判断茶叶的产地和质量，同时判断水是什么水。一个精于此道的人，一定是个懂茶的人。

村田珠光后来到了京都，在大德寺继续修行，在这里找到了可以包容他乐趣的人，也让他能够继续解读茶叶。他创建了一个简单的小茶室，就是现在著名的茶室模式，用几扇屏风围成一个清净的空间，用最简单的竹木茶具去品茶，领会其中的乐趣。

这就是日本风格浓厚的茶会，以前人们饮茶都是以唐风为主，就连茶具也是大唐风格的，但从村田珠光开始，日本式茶室开始风靡。

这种茶室占地面积非常小，就算在平民家里也可以随时用屏风围一个出来，可以算作是彻彻底底的庶民也能接受的文化，因此被称为大众式的茶道文化。

幕府时代，大富豪商人千利休改良了日本的茶道，他又被日本人称为“茶圣”。在千利休的影响下，原本占地四叠半屏风的茶室，再一次减小为两叠，而茶具也往往是陶器等，堪称返璞归真的极致。越是如此，越能体会到茶的美妙，故而千利休家族的茶道成为日本最为有名的流派，即便是在后世也影响深远。

幕府将军和大名对茶道的追捧，让民间也开始追捧，不管是商人还是庶民，都追随着各种茶道流派，沉浸于饮茶的风俗当中。

德川时代也懂教育兴国

俗话说，穷什么不能穷教育，苦什么不能苦孩子，一个国家的未来都寄托在年轻人的身上，而年轻人能不能有出息，那得看教育能不能跟上。这一点德川时代就做得非常好。

18 世纪末期，德川幕府所设立的教育机构已经相当完备了。当时幕府设立了专门的学问所，专门面向幕府机构当中有职位的官员，帮助他们学习程朱理学。也就是说，官员虽然走上了工作岗位，依旧不能耽误受教育，由此也可见程朱理学在幕府时期的影响力。

除了中央机构幕府有面向官员的教育机构外，各藩也会设立专门的学校，针对所管辖领地的武士家族子弟提供教育。这些教育并不仅限于理学，还会培养一些能够解决管理问题的人才。比如德川幕府时期面临的地方财政问题非常严重，所以一些学校就会专门培养在财政方面有突出技能的人才，这样就可以在岗位上发挥出自己的作用。

这种教育普及得非常好。在当时，日本有200多个藩，而藩校有多少呢？最多时达到了280多个。也就是说基本保障了平均每个藩都有自己的学校，这就能够保障教育的普及。一开始，这些藩校只教授儒学，后来伴随着社会的不断发展，又开始学习西洋学或日本的国学。而且他们的学习有着一定的条理和系统，会根据年龄或者学习进度不同，而设立不一样的年级，进行针对性教学。这种划分方式与现代的学校几乎没有差异，可以说是非常科学的。

众多的藩校，不仅让武士阶层在受教育上受益，也让其他社会阶层意识到了教育的重要性，所以在官办学校之外，民间的私塾开始不断增多，中下层武士或学者等都热衷于开办私塾讲授学问。

除了这些私塾之外，德川幕府时期，民间的初级教育也发展得非常好。这种基础教育机构被称为“寺子屋”，在全国各地都有经营，最多时达到了1万多所。“寺子屋”跟现在的小学类似，入学的大多是6岁以上的儿童，可以在这里学到基础读写和算术。这样的机构一般都由当地富裕的百姓、乡绅、村长或者底层武士、僧侣等创办，这些人在日本民间一般都较有地位或有一定财富，因此在保证自己的后代受教育之余还能够为其他人提供教育。

德川时代是一个非常懂得教育兴国的时代，其最伟大的地方不是官学机构建设得多么好，而是教育观念深入人心，而基础教育又得到了真正普及。正是因为足够良好的基础教育，才让整个社会的教育水平和思想得到了提升。

近代的文化史观

日本近代改革和动荡不断，复杂性也体现在了人文科学上。

明治维新之后，日本开始向西方学习，追赶西方的脚步。所以明治初年，文化的趋势非常典型——学习英美好榜样。国内的学者们多开始研究英美的自由主义，借鉴这些较为先进的西方思想来指导日本的发展。

进入明治维新中期之后，日本学界发现德国的哲学思想更适用于当时的日本，所以大量的日本学者都开始转而研究德国的实证主义等。

实证主义主要体现在历史的研究上，认为在研究历史的时候，应该注重考据，在有实证的情况下才能够确定。也就是说，任何历史如果不能得到实际的证据证明，就不能够确定它是真实的历史。

可是日本由于早期历史没有得到及时记载，在后期的史书当中对当时的历史进行了大量的美化和改编，其中有相当多的部分来源于神话传说。前面我们说过，天皇的“神性”很大程度上就体现在这些神化的历史中。这就导致实证主义派在考据历史的时候，很容易面临一个尴尬的问题——在种种认为天皇是神的史料面前，到底是坚持实证主义否定它的历史意义呢，还是尊崇天皇闭嘴不多说呢？

毕竟否定了这些史料的历史意义，在当时就意味着要挑战天皇的权威和正统性，这可是非常有风险的行为。比如在大正年间，研究古代历史的津田左右吉就提出了这个问题，认为一些史书记载并不是真实的历史，结果在右派当权的法西斯时期，他就被认为有大逆不道的思想而被关了起来。你看这就是“说错话”的后果。

所以当时的文化思想虽然蓬勃发展，但也面临着一些束缚和风险。但是实证主义对于科学界和哲学界的研究发展依然有着深远的影响，正是因为保持着这样的思想，日本学者才能以更加严谨的态度去对待自己的研究结果。

在 20 世纪初期，马克思主义在日本也产生了一定影响。当时围绕着明治维新之后日本的资本主义性质，大量学者进行了讨论，他们开始用马克思主义的唯物史观来看待历史和社会，并出版了大量的作品来论证自己的观点。

这一时期可以算是思想流派蓬勃发展的时期，除了英美的自由主义、德国的实证主义，以及马克思主义外，日本本土的“皇国史学”也有一定影响。皇国史学以天皇为中心看待历史，推崇将天皇神化的历史，认为天皇的确如同那些史书所言，是“代天治国”。这一史学主要是为了维护天皇的专制统治，甚至于维护法西斯统治而出现，然而在整个的日本历史发展上，却是毋庸置疑的跳梁小丑。

第七章 自得其乐的庶民物语

“生而卑贱”——处处可见的阶级烙印

大和时代是一个尊卑分明的时代，平民生而卑贱，从出生开始，就在时时刻刻感受着来自贵族的恶意——到处都是他们无法忽视的阶级烙印。在当时也不存在努力工作、拼命奋斗就可以过上好日子的说法，只要你的出身不好，不管再努力也不过是比别人吃得饱一点、穿得好一点而已，想要真正成为有权有势的阶层，那是不可能的。

首先在朝廷之中，只有贵族出身的人才有机会获得官位，权利是根据姓氏来划分的，而不取决于一个人的能力。与此同时，贵族也能够接受更好的教育，从一开始就赢在起跑线上，而身为平民，连公家的学校都没有，也就谈不上接受好的教育了。

除此之外，贵族连生活的地方都与平民完全分开，在当时就形成了贵族居住区和贫民区。如果你有幸身为贵族，就会发现自己家不仅地盘巨大、建筑林立，而且在整个建筑群外，还挖着深深的壕沟，完美诠释了什么叫“攻守兼备”。毕竟贵族们拥有的权势和财富都可能让他们遭到来自竞争者和敌人的攻击，所以保护自己的家园，不仅必要，而且相当重要。

同时贵族的建筑群不仅可以用来居住，还有其他的功能：有的建筑是专门用来祭祀的，里面摆放着祖先牌位，是一个家族最为重要的地方；有的建筑则用于处理政务，相当于会议室，当然也是豪华版的。如果这一家恰好是相当有权力的大贵族，那就更不得了了，这间豪华会议室极有可能就相当于小朝廷。

普通民众没有这样的待遇。首先，平民百姓没有那么多的钱财遭人觊觎，也不会有深恨自己的仇家，所以住宅不仅相当简陋随便，周围也绝对没有壕沟，最多就是造一个栅栏防止野猪拱了自己家的菜园子。你要是非得仿效贵族去挖个壕沟，说不定周围的人就得笑话你脑子有病了。而普通人的屋子，除了居住之外，最多就是再建个放粮食的仓库、养鸡鸭鹅猪的畜舍，也就没别的需求了。能够凑齐后两样已经相当不容易了，说明你的日子过得不错。

而且和中国古代一样，平民因为身份所限，也有许多东西是不能触碰、没机会使用的，如果使用了就算违例，将会受到惩罚。不过大多数人都没有这个困扰，因为他们一生都在为了温饱而工作，别说奢侈享受了，就连明天的午饭在哪里都没有着落。而且大和时代还残存着奴隶制的影响，人口买卖是非常常见的，因此平民的生活更加受限。

这就像是中国古代的魏晋时期一样，贵族愈贵，百姓愈贫，形成牢不可破的阶级之差。

你是“良民”还是“贱民”？

从圣德太子改革开始，日本飞鸟时代的政治体制、律令就在向隋唐学习靠拢。在土地所有制上，改革让贵族私人土地所有制渐渐转变为班田收授制，将土地收回国有。这一体制也解放了大量贵族私有的奴隶，这也是律令制带来的好处之一。

说白了就是过去土地都属于贵族，那么在土地上耕种的农民往往也都是贵族的奴隶。人和地都是自己家的，这样才能算是有钱有势。现在圣德太子学到了隋朝的统治方法，发现不能这么办，土地得收归国有，那么土地上的“附加财产”——人，自然也就得恢复国民身份了。

改革之后，全国人民被划分为两部分，一部分是“良民”，一部分则称为“贱民”。良民不仅仅包括那些为国家种地所以被称为“公民”的农民，也包括其他拥有正式身份的人。比如统治阶级的贵族和皇室都是良民，毕竟他们也是全国人民的一部分，如果不划分为良民，总不能归类为贱民吧！除了统治阶级这些比公民身份高的，还有比他们身份低的，比如品部和杂户，也被称为良民。

品部和杂户之所以身份较低，是因为他们不像公民一样拥有完全的人身自由，想去哪儿就去哪儿，想做什么就做什么。品部和杂户往往都是手工艺劳动者，具有一些独特的手艺，比如烧陶、打铁之类，所以他们世代都在官府的工厂中工作。品部和杂户的子女，在出生之后，往往也会烙印上祖先的身份，世世代代都进行这样的工作。

这些手艺人放到现代，不是工程师就是艺术家，要么也得是个文化传承人。可惜放在古代，他们的重要性比不上农民，所以身份比较低。

除了这些良民之外，剩下的就被称为贱民。在律令制实行之后，虽然大量的奴隶都被解放出来，拥有了一个正式的公民身份，可以自由决定自己的人生，但贵族们总需要一些人来为自己服务，天皇朝廷也需要这样的基层服务人员，所以仍然有一些奴婢并没有获得良民的身份。

比如历代天皇的陵墓周围都会有陵户，他们就要世代生存在那里，以守卫天皇陵墓为职责；官府的官员需要一些进行基层工作的服务者，包括宴会上的侍者、表演者等，这些被称为官奴；贵族要延续自己奢侈的享受，身边就一定要有大量的奴婢，这些则是各个豪族家的私奴。这些有奴婢身份的人都被称为贱民。当然，相对于整体数量来说，贱民的比例是比较低的，这也是圣德太子改革所带来的正面影响之一。

养蚕缫丝很吃香

奈良时代的天皇朝廷特别明白“民以食为天”的朴素道理，所以在治国之策上，格外强调粮食是重中之重。别看这个道埋虽然朴素，但要贯彻到底却不容易，所以天皇朝廷对此投入了大量的精力。

朝廷通过设立各种奖励条例，来鼓励下层官员和百姓开垦土地，兴修水利系统。开垦土地当然是好事，可以增加耕地面积，也就意味着有更多的地可种、有更多的粮食可吃。但是能生产粮食的肥地，早就被大家利用得差不多了，而刚开垦出的土地往往都是荒地，需要休养生息，几年之后才能够真正有所产出。万事开头难，开垦土地这样费力不讨好的事情，人们往往是不太积极的，兴修水利也是这个道理，所以天皇朝廷的这种积极鼓动是很有意义的。

除此之外，朝廷也很重视养蚕缫丝这件事。后面的发展已经向人们证明了，养蚕缫丝不仅仅是农业活动，还能带来种地所不能带来的收入与经济效益，所以它可以算作是农民致富最简单也最容易接触的技术。

为此，朝廷积极开展了扶助农民的活动，为了让农民们爱上养蚕缫丝，甚至还专门派遣懂得这些技术的人，深入每家每户进行指导，帮助获得更高的蚕丝产量。这听起来与现代技术人员去农村考察没有什么差别。有了这种技术上的帮助，人们自然在养蚕这件事上投入了更多热情，所以一时间养蚕成为潮流。

地方官吏在农业和桑蚕业上投入的精力是否够多、一年下来得到的收益够不够好，甚至成为当时朝廷的考核标准之一。身为朝廷官员，只要能让管辖地方的农民多开垦土地、多种粮食、多养蚕种，甚至是多生小孩，都能成为他们勤政爱民的功绩。道理虽然听起来简单粗暴，但是实际意义却非常深远，也的确有效地让人民逐渐富裕。

除了朝廷的积极鼓动和地方官员的时刻监督，让人们爱上了养蚕缫丝之外，手工业的发展也是人们倾心于蚕丝的重要原因。纺织业成为手工业中发展最迅速也最耀眼的一面，绫罗绸缎这样的高级纺织品，很多都需要用到蚕丝。虽然家庭手工作坊水平有限，织不出漂亮的丝绸，但是官营的作坊却可以做到，而且贵族与皇室对于这些珍贵丝织品的需求还特别高。有需求就有市场，有市场就有经济利益，上层社会对丝织品的热爱，也让下层劳动人民更愿意去养蚕——毕竟这可都是白花花的银子呀！

奈良时代高超的手工艺技术不仅留下了许多历史瑰宝，也在当时惠及大量人口。享受到手工艺产品的上层贵族，有了更舒适的生活，而下层劳动者也因为市场需求扩大，有了更多的谋生渠道，可谓是人人满意。

女性“能顶大半边天”

大多数人都认为，日本古代的女性地位很低，往往是丈夫家族的依附者，其实这显然是一种错误的认识。虽然女性地位在近代史上的确是越来越低，但在奈良、平安时代，日本女性也是可以“顶大半边天”的。

当时日本深受来自隋唐的文化、政治、社会气氛所影响，而隋唐时期的女性地位相当高，甚至还出现了中国历史上真正意义上的唯一一位女皇帝——武则天，所以日本的社会气氛也有一定相似之处，女性的地位并不低。根据婚姻法规的规定，在女性 13 岁、男性 15 岁的时候就可以正式结婚了，但是因为年纪毕竟还是太小了，所以当时一个比较流行的习俗是先办婚礼，婚礼办完之后还是各住各家、各找各妈。

先把夫妻的名分定下来，然后就各自回家继续正常生活。那夫妻之间怎么见面呢？很简单，当时流行“走婚制”，不是女方到男方家里，而是男方去女方家。

这就非常有意思了，当时的男女结婚之后，往往都是男方去岳父家里住几天，或者白天上班回自己家，晚上和妻子住在一起。这种走婚的形式，将一直持续到他们有了自己的小孩。有了孩子之后，人们才认为他们是真正独立了，就可以单独出去建立一个家庭。

这种走婚的形式，极大程度地保障了女性的权利和地位。结婚了还可以天天住在自己家，实在是想想就很美。而且，结婚之后的日本女性也是不需要改变自己姓氏的，这一点反而和近代不一样，即便是进入幕府时代，女性也可以保留自己的姓氏。

此时的女性地位之所以够高，还有一个重要的表现就是可以有自己的财产，不仅仅是“嫁妆”，女性还会有相对的继承权和其他财产所有权。生下子女之后，也不全都是男方家族来决定孩子的归属，相反人们更愿意听从孩子母亲的意见。

因为走婚制加上女性对子女的影响，让这一时代的女性地位非常高，甚至家族财产全部被女性继承的情况也很常见。此时之所以容易出现外戚干政的情况，就是因为天皇的子女也因为“走婚制”的影响往往在外祖家里长大，这就导致他们非常亲近外祖家，自然外戚就能获得更多的利益。

当时有很多女性都成为“职业女性”，比如平安时代很多宫廷中的女官，都是在与丈夫离婚之后进入宫廷，成为优秀的内官的。著名文学作品《枕草子》的作者清少纳言，就是这样一个女官，当时她就决定将生下的儿子留给丈夫，而儿子长大后并没有怪抛弃自己的母亲，反而珍而重之地保存着她的文学作品，并将其传给了长子、孙子。可见，就算是离婚了、不要自己的孩子，在当时也不是一件非常过分的事情。这也不会影响她们寻找“第二春”，至少清少纳言后来又结了一次婚，还生下了一个女儿，虽然后来也没有坚持这段婚姻，可至少说明了一点——女性的婚姻自由程度真的比你想象中高多了。

怨灵传说·平安京迁都内幕

平安时代始于794年。这一年，还未完全建成的平安京迎来了自己的主人——恒武天皇，正式成为新的都城。是什么驱使恒武天皇如此心急，还没等都城建好，就带着臣子亲眷迫不及待赶来了呢？这既不是因为政治需求，也不是军事所迫，而是因为一场怨灵传说。

没错，恒武天皇就是看中了平安京"平安乐土"的地位，准备搬家保平安的。平安京的建造过程中，最受天皇关注的也不是城市规划、道路建设乃至绿化面积，而是"风水"二字。集合了当时有名的宗教学者、阴阳师的建议，平安京被建成隔绝怨灵的最佳空间，成为天皇眼中的世外桃源。

天皇所惧怕的怨灵不是别人，正是他倒霉的亲弟弟早良亲王。恒武天皇在位期间发生的"怨灵"事件数量繁多，致使他常常要采取各种办法，只为安抚已经死去的早良亲王。

一切起于早良亲王被他冤杀后的第二年，也就是786年，天皇宠爱的藤原家族出了丧事——恒武天皇的岳母、藤原百川的夫人去世了。两年后，天皇的宠妃、藤原百川的女儿也意外身亡，年仅三十岁。

如果这只会让天皇感到流年不利，那接下来的事就让他隐隐害怕起来。790年，天皇的生母去世，这一年他的皇后与另一名妃子也突然去世。她们的死亡毫无征兆，都是突发疾病倒地去世。

放到现代，从心脏病到脑溢血，我们可以数出一串符合这种症状的病症，都不带重样的！可在古代，这却是十分罕见的怪病，于是人们开始怀疑，此乃怨灵作祟。

无独有偶，到了九月，天皇的儿子安殿亲王也倒下了，天皇更加害怕起来。他找来僧侣为其念经祈祷，可是安殿亲王丝毫没有好转。做了不少亏心事的恒武天皇当然害怕鬼敲门，他一下子想到了先皇后母子的冤屈，还有自己冤杀亲弟的“丰功伟绩”……于是，天皇立即派人去为早良亲王修整坟墓，提高了他的身后待遇。

然而第二年、第三年，情况更加严重了，全国范围内开始流行疫病，百姓遭难、民不聊生，安殿亲王的病一直没有好，伊势神宫也突遭人放火……种种倒霉事，都被恒武天皇安在了“怨灵作祟”头上。

事实上，这就是恒武天皇自己亏心所致。从他认定有怨灵的那一刻开始，他就不断疑神疑鬼，所有不幸都会让他联想到这上面。于是，他采取了一系列的措施安抚自己长眠的弟弟，甚至要求他的坟墓附近不可杀生，以安魂灵。但在天皇看来，早良亲王的怨灵显然“能力出众”，具体就表现在天皇命人建造的新都城——长冈京，竟然因大雨涨水被淹没。

当年藤原种继就在长冈京被暗杀，最终导致早良亲王冤死。如今发生这样的事，很难让人不联想到冤魂。恒武天皇彻底怕了，第二年刚到，就急忙令人将建造一半的新都城拆毁，再找“风水宝地”迁都。正是因此，他才会在平安京建起来之后，不等完善竣工就迫不及待搬进去——再不搬家，恒武天皇怕自己也跟着倒霉啊!

这还不算，他先后命人在平安京建立寺庙、神社，又一次次请托高僧去早良亲王坟前念经。可是，在恒武天皇心中，这些似乎都不能平息弟弟的愤怒。

他将在位期间遇到的一切灾难，都归到怨灵作祟上。800 年，太妃藤原带子——另一位藤原百川的女儿去世，恒武天皇立即派人祭祀早良亲王；804 年，富士山火山爆发，恒武天皇赶紧追封弟弟，封他为崇道天皇，更恢复了先皇后身份……恒武天皇的后半生心思都放在了安抚弟弟、忏悔罪行上面，他将早良亲王的忌日定为国家忌日，又给他建造佛塔祭祀，费尽心思以赎罪。

在这场兄弟间的较量中，虽然早良亲王早早去世了，但他的影响力却伴随了恒武天皇一生，并将影响他的后人。谁才是失败者，似乎很难界定。

贵族的日子也不容易

反映平安时代贵族生活的最著名小说莫过于《源氏物语》了。看了《源氏物语》，大概人人都会对当时的贵族生活有所向往，如果贵族的日子就是一群美女围绕着美男子们谈谈恋爱喝喝茶，日子该多快活啊！

然而实际上，就算是生在繁荣昌盛的时代，过着平静的生活，士族男女的日子也不是那么容易的。

根据当时的习俗和人们的生活习惯，男人的一天从醒来之后就要忙碌了。平安时代的男女跟他们的天皇一样，做事很讲究封建迷信，所以醒来时必须默念自己的星象，祈求北斗星中自己的方位星保佑这一天顺利。之后，男人们就要忙着照镜子——别误会，除了看看自己美不美之外，主要是通过“望闻问切”中的“望”，来观察今天的脸色好不好、健不健康。人们笃信各种吉凶论，一定会看看这天适宜做什么、不适宜做什么，若是当天不吉，恐怕一整日都要惶恐不安。之后，就得洗脸刷牙，再在佛像前祈祷礼拜一下，希望这一天没什么坏事。

光是做完这些迷信活动，就得花费不少时间，但别忘了，这才刚刚起床！接下来的琐碎事情还有很多，比如吃早餐之前也不能闲着，得写一写昨天的工作，做一个昨日总结和思想汇报，要是文思如泉涌，这个早餐吃得恐怕不会太早。在吃完饭之后，就是重要的活动了——扎头发。别看是男性，人们依然相当重视束发这件事，不说一丝不苟，至少也要冠帽整齐，不然就连见人都不好意思。

他们讲究到了什么地方呢？就算是晚上跟妻子进行一些和谐运动的时候，也绝对不会将冠帽脱下来，生怕影响自己的形象。

整理好冠帽后就是剪指甲，指甲也不能随便剪，人们认为只有丑日才能剪手指甲，寅日则可以剪脚趾甲。要是这天忘记了，不好意思，其他日子不能剪。现在知道人们每天都要看日历是为什么了吧？要是记不住日子，说不定就总剪不了指甲，不留神就变成梅超风了。

顺便一说，如同剪指甲一样，沐浴对于人们来说也是要挑日子的，不同日子洗澡，据说对不同部位有好处，所以讲究的人恐怕又得仔细算一算。

做完这些，准备好了就能出门了。此时大概几点呢？对官员来说，出门的时间大概在6点半左右。也就是说，你进行了这样漫长的准备活动之后，还要赶在6点半之前出门。怪不得京城的晨鼓都是凌晨3点敲响，要是不敲早一点，只怕是人们都来不及准备好。

不过人们的正式工作往往不是很繁忙，当时的劳动力低下，我认为有很大原因是因为大家不够努力工作。平安时代的人往往在上午10点钟就下班了，而下午常常不用上班，所以一天才工作不到四个小时。

下午不上班要做什么呢？也不能闲着，得进行各种跟礼仪有关的活动，也就是在无意义的仪式当中耗费时光。这样的仪式还特别频繁，隔三岔五就有一次。你要是记不住冗长烦琐的仪式过程，想着给自己弄个小抄也是可以的，但是千万别让别人看到了，不然就会被人指点，被认为“这个人不讲究”。连小抄都得上阵，可见贵族礼仪实在是有些繁多。

所以，就算是看起来养尊处优的贵族，内心也有许多的无奈和不满啊，实在是这样的生活无趣又烦琐，麻烦事还挺多。

辛苦工作的公务员

上层贵族有自己的烦恼，下层的小官吏一样会面临问题。他们处在不上不下的地位，经常受到上层贵族的鄙夷，但是又比底层的平民要好不少，所以要维持当前的生活状态并努力向上爬，就是中下层公务员们的重要目标。

这个群体十分庞大，而大多数人都积极上进，造成公务员之间的竞争那是相当激烈，不管是明里暗里都有非常频繁的竞争。既然如此，加班也就是一件常事，如果别人都加班而你不去做，不就证明你将在竞争当中败给对方吗？所以，公务员为了竞争出头，往往是乐于加班、勇于加班的。

但是你要知道这个加班的前提，是身为仆吏的公务员们本来就已经非常辛苦了。一般来说，如果你的工作是没有官位的，那么工资将按日结算，来一天算一天，就像打零工一样。正常的中下层公务员一天可以拿到两升米，吃穿都是主家提供，倒是没什么花销。按日算钱就像给私人打工，不管什么原因休假都得专门跟主人说一声才行。

公务员也有专职和兼职的，如果是专职的公务员，那么一年至少要保证工作时间多于 240 天，少了就会因为出勤记录不合格而无法纳入考评，就别提升官的事了，保不保得住工作都不一定。而兼职的公务员则不同，一年出勤日是 140 天。

下级公务员如果想拿到考评，必须要达成这个出勤率才行。在这个基础上，专职公务员每过 6 年能够迎来一次升职的机会，如果你的考评中有两次拿到“上上”“上中”“上下”“中上”或者“中中”，行了，就可以升官了——但是如果没有够这个标准，就还得接着熬，甚至是会被降级。

有没有例外呢？有，如果你的工作能够更努力、更优秀一些，还能跳级升职，或者拿到奖金。所以，每个人为了升官会特别努力，就为了拿到更高的考评。

曾有流传下来的记录，记载了当时的某位公务员每年坚持工作将近320天，意味着一个月也没有几天休息，其中一大半的日子还都在上夜班。至于周末双休，那更是没谱的事了。在这种情况下，他的官位还非常低微，可见官场上的竞争压力实在是很大，你很努力，别人也一样很努力。

玩转汉字的日本

汉字到底是什么时候传入日本的已经不可考，但这种含义深刻、文化内涵丰富的文字，很快就受到日本人的追捧，取代了他们原有的文字，成为后来官方普遍使用的文字。

日本的第一部历史书叫《古事记》，是在公元8世纪初期出现的，里面的文字已经与汉字有着相当相似的字形和含义，由此可见日本人使用汉字、化用汉字的历史很久远了。

不过，日本人使用汉字的方式有很多种，可以说是将汉字“玩转”了，他们使用的汉字，有的我们一眼就能看懂内容，有的却云里雾里，压根不知道是什么意思。

在日本的《古事记》等书籍中，正文往往都是汉字书写的，而且他们掌握了汉字的含义，所以写出的内容我们也能看懂。也就是说，他们用汉字的方式跟我们是一样的。

但有些时候，日本的文字虽然是汉字，我们却读不懂，是因为他们将汉字当成了“音标”来用。此时汉字就不是本来的意思了，而是要按照汉字读音读出来之后，取音调来翻译成日语，你才能明白其中的含义。

这是因为日语和汉语毕竟有一定差别，日语读起来更容易理解，但是当他们不知道如何写下来时，就用汉字当成拼音，拼出有相同读音的话，这样就可以记录日语了。

比如日本当时所盛行的“和歌”，翻译之后与中国古诗、古词非常相似，按照汉字的写法读起来也是押韵的，但是真正写出来的时候，没人能看懂。因为他们写下的汉字，其实就是和歌的音标，只是记录了和歌的日语念法而已，所以必须要翻译之后才能明白意思。

由此看来，日本人在使用汉字的过程中，往往会采取“两手准备”，要么就是通过各种符号帮助，让较为原汁原味的汉字转换成他们可以懂的日语，这种情况下写下的文字，几乎百分百就是“之乎者也”的汉语，我们完全可以看懂。要么就是随便利用汉字，只要读音是可以听懂的日语就行。后面这种方式，让日本人在用汉字的时候变得更加随心所欲，随时都能把汉字“玩坏”。

举个例子，如果日语的读音是“梅柳”，那么写成汉字时用“梅柳”也好，“没流”也行，“煤榴”也没关系，这样一来，就很容易让人眼花缭乱了。

而后来盛行到现在的平假名、片假名，也是日本人通过拆解汉字之后简化出的自己的文字，他们从汉字的基础上，创造了属于自己的文字与文化，从这一点来看日本人玩转汉字的能力挺让人佩服的。

大人物们的饮食日常

结束战国时代的“三英杰”中，似乎是谁活的时间更长，谁就更容易享受到胜利的果实。所以，我们不仅好奇“三英杰”这样的大人物在军事、政治上的智慧，更好奇他们到底是如何保养的。毕竟只有先活着，才能谈论胜利与否呀！

从大人物们的日常饮食中，也许你能找到德川家康长寿的秘诀呢！当然，我们主要是通过窥看他们的饮食习惯，来更近感受一个更立体的战国英豪。

德川家康的健康程度毋庸置疑，他 66 岁那年还生下了最小的女儿，而七十多岁之后也上过战场，是真正的“老骥伏枥”。说不定，这就与德川家康粗茶淡饭的饮食习惯有关系。

德川家康年少的时候经历比较坎坷，虽然也是战国大名的儿子，但是被掳到尾张国当质子，肯定是经常受到排挤的，要么也得是担惊受怕，所以他没有穷奢极欲的习惯。即便是晚年登上了幕府将军之位，也保持着比较简朴的作风，最喜欢吃的就是麦饭和味噌汤，那是相当清淡。而他这种习惯在年轻的时候就保持了，所以战国名将武田信玄知道后还曾经说过：“家康之所以不吃这些东西，一定是因为注重健康，必然是怀有大志向的。”

相比较之下，织田信长的口味就比较“重”，他喜欢吃口味丰富、味道较浓的食物。当初织田信长打下了室町幕府，进入京都之后，曾经抓到了一个京都有名的大厨。下属建议他说：“他做的京都料理非常有名，不如殿下饶他一命，让他以后给织田家族做饭。”

织田信长答应了，但是要先尝一尝味道，没想到吃了以后，他相当不满意，等不及要杀掉对方。大厨吓了一跳，赶紧请求再给他一次机会。第二次，织田信长吃得眉开眼笑，还要给他俸禄官位。之所以产生这样的差异，其实只是因为调味料多放了一些，可见织田信长口味是比较重的。

除了这两位，还有喜欢喝割粥的丰臣秀吉，割粥就是碾碎的大米熬成的粥，他曾经因为别人滥用人工给自己做割粥而大发脾气，就是因为不想成为一个奢靡无度的人。

而著名的大名藤堂高虎，年轻的时候流浪出走，曾经受过别人的恩惠吃了一顿麻薯，后来就回到那里感谢了这位老板。有些人认为藤堂高虎和麻薯老板之间的故事是编造的，这可不一定，因为藤堂家族家臣的日记里，曾经写过他们的藩领有过不成文的规定：只要吃麻薯，一定要吃与左卫门家的——与左卫门就是那个帮助过藤堂高虎的老板。可见，藤堂高虎回报恩人的方式相当简单真诚，不仅自己吃，还要叫领地里所有的家臣一起来照顾生意。关于“吃”，诸多的日本大名都有过有趣的故事，在日本的文化中，饮食也是一个相当重要的部分。

征战中的女性生活

征伐不断的战国时代，不论是武士家族、贵族还是平民，日子都不好过。即便是女性也需要站出来，承担战争的后果。

战争带来的一个重要影响，就是男女婚姻制度变化。各国大名统领着自己的国度，与其他大名之间进行政治和军事上的角力已经足够疲惫了，所以更希望自己的大后方可以稳定一些，不至于后院起火。因此，为了避免领地内的民众发生暴动，在婚姻上有明确规定：

首先，平民百姓可以自由恋爱，但选择对象只能在本国土地内，不可以与其他大名领地内的人通婚。很简单，这种方式就是避免人才流失，万一人人都想通过联姻的方式携家带口地跑到别的国家，领主哭都来不及了。

其次，武士阶级的婚姻要更加慎重，如果俸禄在一百石以上，就意味着有一定地位，婚姻大事不仅要家族同意，还要得到大名、领主的认可，尤其不可以高攀或者低嫁。这个严格限定了阶层流动的制度，一直到德川幕府出现之后还沿用下去。如此一来，男女婚嫁的自由程度就低了许多。

战乱之中人命如草，没有什么武力值的女性就更不值钱了。以前的幕府中，女性地位还是比较高的，甚至可以担任御家人或者地头，只是不能参与战斗，但战国时完全以战斗力衡量一切，不能战斗的女性，地位低到等同于家族财富。

平安时代的女性地位是最高的，因为是走婚制度，女性还有一定继承权，而武士阶层刚上位的时候，女性还是有机会掌权的，甚至能当上家主。但是这个优势在战国时期逐渐降低，人们意识到战争年代女性比男性更处于劣势，所以很多女性不仅出嫁的时候没有什么嫁妆，也常常成为联姻的棋子。

毕竟人事无常，战乱之中女性很可能多次改嫁，就算给了嫁妆也就是白送给别人罢了。还有的女性被家族操控着命运，借助婚姻成为细作，窃取别人的情报。这就让她们一生身不由己，既得不到丈夫的信任，也无法保障子女的性命，还要背负家族的压力。比如织田信长的正室妻子、大名斋藤道三的女儿，在历史上几乎就是一个透明人，而她就是明目张胆驻扎在信长家族的一个细作。

除了武士家族的女儿婚姻不由自己，武士的妻子们往往也要直面战火。在战争中，武士们以斩杀头颅为战功，斩杀的头颅往往会送到后方，女人们给头颅绑上名牌以记录战功，同时还要将头颅的牙齿染黑。这是因为当时以黑牙为高贵的代表，斩杀了这样的头颅可以算更高的战功，所以武士们往往会拜托别人这样做。

除此之外，当时已经有了火器，所以女人们还要负责制造武器、铸造子弹等，白天跟死尸的头颅为伍，晚上也只能睡在附近，还要时刻提心吊胆，担心收到父兄的死讯。这样的生活在和平时代是不能想象的，但是在日本战国时期，却是家常便饭而已。

江户式饮食

江户时代的庶民生活变得更加丰富，人们在饮食上愿意花费更多精力，所以吃得非常精细。

日本人很讲究一种仪式感，就连吃穿用度也是如此。我们前面说过，从大和时代开始，人们就迷信于运势，每天占卜，一言一行、洗澡剪指甲都要保证符合运道，而江户时代的食风也是如此，人们偏爱新鲜的食物。

谁都知道季节食材刚上市的时候是比较贵的，但因为讲究“尝鲜”里面的“鲜”字，即便如此人们还是争相购买，因为江户时代流行这样一种说法，如果能吃到刚上市的食物，你的寿命就可以延长七十五天。

我不太清楚，是一生一共延长七十五天，还是每吃一次就延长七十五天？如果是前者，是不是有些太少了，不足以引发人们的这种热情吧！不过，无论如何，人们喜欢“尝鲜”的习惯就这样养成了。有些会做生意的农民，为了让自己的农产品早点上市，经常购买粪肥催熟，结果幕府发现竞争太激烈了，市场上的价格一天一个变化，让很多民众抱怨连连，只好规定了一些季节性食材的上市时间，除非在规定日期内，不可以随便买卖。

好在农民们虽然用了催熟的办法，还是相当淳朴的，也没有什么化学催熟剂，想来也没什么。岛国的居民们最爱的新鲜食材，莫过于鲣鱼。

鲣鱼在每年的春季出现在九州岛附近，逐渐游到和歌山，等到五月初来到神奈川的时候，正好就是膘肥肉满、适合吃生鱼片的时候。鲣鱼可以生吃，也可以连着鱼皮一起吃，每一种都有独特的味道。新鲜的鲣鱼到底有多受欢迎呢？这么说吧，鱼一打捞上来，根本不愁卖，先是幕府将军及其他的武士家族来上几条，然后就是高级料理馆，最后才能轮到鱼贩子。而鱼贩子手里的鱼，说不定还没有上市就被人走后门都买走了，平民就算是想要奢侈一把，都没有机会去竞争。

除了这种一年难得几次的奢侈机会，一般情况下大家吃得都很随意。古代的日本人习惯于一天吃两顿饭，中间有一顿点心即可。早上吃早餐前，他们就会将米饭煮好，这样早饭就可以搭配味噌汤，算是美美地吃了一顿。德川家康最爱的就是麦饭和味噌汤，他一生都不耽于口腹之乐，吃得跟平常人一样。

有的家里喜欢在早上吃得丰盛一点，就多加一份纳豆，这就已经味道不错了。到了晚上则要吃得更好一些，外面会有小贩专门贩卖家常菜，就像“外卖”一样，买起来很方便，特别适合那些住大杂院的单身青年们。

也就是说，只要有了米饭，很多年轻人都不需要自己开火做饭，吃得那是相当简单。

风靡全岛的园艺情怀

江户时期的园艺情怀，可以说是整个日本历史上的巅峰了。

这一情怀可以算是“上有所好，下必甚焉”，历代德川幕府的将军对于园艺花草，那是相当沉迷。第一代将军德川家康在晚年的时候，就沉迷于种花种草，在自己家种了一个有两万多坪的花园——那时候连五千石的大名都只能住两千坪的宅子呢！他的儿子德川秀忠和父亲一样，很喜欢山茶花，热爱花木。第三代将军德川家光则是个盆栽爱好者，不仅让专门的官员日夜倒班给自己看管盆栽，还有特别挚爱的一盆松树，每天睡觉的时候也不忘搬到自己的卧室。第八代将军德川吉宗是个儒家思想爱好者，第二个爱好就是“推销”，除了大力推销自己喜欢的儒家思想，也推销自己喜欢的园艺，在江户的山上、公园里大量栽种樱花，想让人们都爱上园艺的美。

怎么办，将军就差把花塞到你手里让你说好看了，人们还能不爱吗？所以在一代代将军的带领下，整个江户时代的人或多或少地都沾染了园艺情怀。

那时的庭园之美有多么极致呢？这么说吧，当时的大名都有自己的庭园，在和江户几乎十之七八的土地都是各种庭园，绿化比例那是相当高。东京现在的大多数公园或是大学城，都是过去大名们的宅子和庭园，可见园艺艺术的登峰造极。

大名的庭园都能够成为现在的市民公园，一方面是因为非常美，经过细致规划和长久养护，比一般的公园更有底蕴；另一方面，则是因为大名的家都很大。那时候人们流行住大宅子，就算是年薪只有二三十石、最底层随时可能因为失业吃不上饭的武士，也得有个一百五十多坪的房子，不然说出去都要丢人的。要是年薪在几千石，那就更了不得了，这些武士的家大概都要一千到两千坪上下，非常广阔。

大名们不仅自己欣赏园艺之美，也愿意跟别人分享，有些亲善的大名会在特定的日子开放自己家的庭园，让平民百姓也进来玩赏一番。

而庶民之家虽然没有能力去建造大的庭园，但是他们在园艺上一点也不缺少情怀，尤其是在江户城中的“首都人”。首先，百姓人家的院子往往都收拾得很整齐，就算是小小的篱笆也会打理修剪一番，没有什么点缀也要保证干净利索；其次，人们热衷于用一些小的园艺摆设来装点小小的院子，就算是一个供人们歇脚的茶馆，也会有一个正儿八经的鱼池用于观赏。而道路的两边都是经过修剪的行道树，搭配着错落有致的篱笆，美得让人惊叹。

就是因为人们从上到下都热爱园艺，所以江户地区到处都有买卖花草的小贩，专门向庶民出售那些点缀小院、屋子的花草植物。说不定因为大家的需求过高，花草还会涨价呢！

这是昔年江户时代的首都，让我蓦然间想到中国历史上那些美丽繁华、喧闹一时的古都，它们曾经也这样美丽而独特，是现在钢筋水泥的都市所不能比的。

第八章 复杂的朋友圈

与百济的蜜月期

位于岛国的日本虽然自身国土面积不是很辽阔，而且也没有接壤的邻国，但是和朝鲜半岛、中国历朝历代乃至印度等国家，在历史上都有着或多或少的交往。说起日本的这个朋友圈，只能说相当复杂。

在日本的发展过程中，朝鲜曾经是它的盟友，后来成为它单方面认为的囊中之物，只要缺钱了、没地了，就得去朝鲜半岛骚扰一番；位于大陆上的中国朝廷，曾经是它追逐学习、无比向往的文明上邦，真正意义上的亚洲“大哥”，也是让它恨得牙痒痒的朝鲜半岛的宗主国，总是能在关键时刻罩着朝鲜半岛，让日本的野心付诸东流……

虽然近代历史上，朝鲜半岛和日本大多数时间都在通过冷战或者热战的方式打来打去，但是很久之前半岛国家也曾经跟日本有过友好交往，比如百济就是日本在朝鲜半岛上给自己开发的小弟和盟友。

公元三世纪至六世纪，中国正处于魏晋南北朝时期，朝代更迭不断、战乱频频，因为中国暂时没有多余的精力去关注朝鲜半岛，所以朝鲜的局势开始变化。

当时高句丽的兴起，让朝鲜半岛南部的百济和新罗变得有些被动。百济正好就是与日本半岛相邻，它与中原之间还隔着一个新罗和高句丽，除了日本之外，基本找不到援兵。

正好当时的日本处于大和时代，是一个统一的政权，天皇和贵族们正好有去朝鲜半岛“发展”一下的想法，这就与急需要外援的百济一拍即合。于是两个国家一个积极接受外来帮助，一个特别“乐于助人”，拼命想插手朝鲜半岛的各种军事、政治活动，合作无间，很快进入了外交的蜜月期。

早在 399 年，百济就曾经联合大和军队，一起进攻它临近的新罗。本来新罗是最倒霉、最弱小的一个政权，但是后来新罗慧眼识珠，及时找到了中原，在大唐的帮助下几乎横扫朝鲜半岛，把百济和高句丽都打得毫无还手之力，而经营多年的日本政权也只能无奈地放弃这片“后花园”，回到了本土。

谦虚学习的日本态度

不管是和百济联合起来试图在朝鲜半岛“搞事情”，还是和中国摩擦之后被赶出朝鲜半岛，这个过程中日本从来都没有忘记学习和进步。说实话，日本的地域条件绝对算不上得天独厚，在航海能力还不强的过去，日本处于一个孤立无援的岛国之上，意味着它很安全，不一定有邻国能够攻打，也意味着他们将很容易被其他国家排除在外，不管是文化、政治还是思想，不管是先进技术还是新的粮食作物，都不容易传到日本。

就像是一个单独上课的小孩，避免了跟其他同学的摩擦，也少了互相交流的机会。但日本政权大概都意识到了自己的短板，所以就格外注意跟别国之间的交流，尤其是在学习他国先进经验和技术上，他们相当谦虚，也因此一直能跟上其他国家的脚步。

从隋唐时期开始，日本一直向亚洲乃至世界最强大的国家——中国学习。不管私下是否在朝鲜半岛展开了激烈的武力角逐，在明面上，日本朝贡的脚步就没有停下过。隋唐时期的中国发展到了极为繁荣的状态，不管是经济还是政治体制，抑或是思想文化，都是当时全世界顶尖的，可以说足以让所有外国感到惊叹。而隋唐开明的大国风范，也相当于向周边国家敞开了大门，欢迎他们去学习。

在这个背景下，日本通过朝贡的机会，多次向中国输送学者、官员等，就是相当于送他们去“留学”，让他们在中国学会先进的技术和文化，回到日本之后可以更好地治理国家。

这就是后来的“遣唐使”。事实上，早在隋唐之前，他们的学习就已经开始了。从 413 年开始，日本政权曾经先后多达 13 次派出使节，请他们去中国魏晋南北朝时期的政权访问。也就是说，哪怕当时的中国还没有得到统一，哪怕今天访问的这个朝代随时可能被推翻，他们也孜孜不倦地要去。

这种心态，大概就像是从没出过县的青年要去首都旅行一样，非常迫不及待。而日本的访问除了为了学习，还有一个重要目标，就是希望能够得到册封。

在当时的东亚政治圈，似乎只有得到了来自中国这个“大哥”的册封，位子才算是坐得名正言顺，所以日本也不例外。

在不断接触中，日本学到了很多，不断发展。首先，制造铜器、铁器的技术是从中国传来的，新型的农具和武器设计是中国先兴起的，冶炼钢铁的技术也是中国的特产。除此之外，大和时代的人们惯用陶器，而中国不愧是瓷器之乡，最开始日本人学会烧陶也是从中国传过去的技术。后来流行的养蚕缫丝，养活了许多日本下层百姓，还在近代成为日本重要的手工业的基础，这一技术是中国官方教授给他们的。这让我想到了汉朝的文成公主，和亲时不也是带着大量的农业、手工业技术出嫁的吗？可见这些跟生产力息息相关的技术是多么重要。

除此之外，还有一些从中国漂洋过海迁居到日本的“渡来人”，他们也将天朝上邦的先进技术传播了过去，所以日本的古代建筑到现在也有着隋唐的影子。儒家思想在日本也成为影响深远、影响民族性的思想。正是这种谦虚学习的态度，让日本一直在发展，没有被其他国家所抛下。

伴随着“渡来人”改变的日本

前面我们说了，日本列岛因为其独特的地域特点，没有与之接壤的国家，这既有一定的好处，也有一定的坏处，最大的负面影响就是他们与其他国家之间的交流可能不够密切，一不小心就可能会被抱团发展的大陆为主的国家甩下。

因此日本一直坚持与外界进行交流，除了派遣本国的官吏和有识之士前往学习之外，他们还有一项政策——欢迎外来移民。

在历史上，从中国等迁居到日本的人被称为“渡来人”，顾名思义，就是漂洋过海到这片土地上的人。渡来人的大规模迁徙有三次，每一次都为这个岛国补充了大量人口，而伴随着人口而来的就是中国的先进技术和思想文化。

毕竟这些渡来人中不乏有一定才能或技术的人，他们将这种技术带到了日本，或多或少都会影响相关的产业。很多时候就是因为渡来人带来的一项技术，让日本的某一行业产生了变革，发生了翻天覆地的变化，所以这些来自中国等的技术人员是非常受日本欢迎的。

为什么会有渡来人呢？历史上的三次大规模移民，都与中国的动荡有着密不可分的关系。第一次的渡来人迁徙在公元前三世纪就开始了，当时正处于战国末期，秦国攻伐六国，即将迎来一个新的统一国度。伴随着秦朝的逐渐统一，百姓生活也产生了巨大的变化，一些小国灭亡了，在战乱之中，人们流离失所。有的人恐惧这种动荡不安的生活，担心不可见的未来，还有人无法归顺秦朝，于是他们都选择了远渡日本。

第二次的渡来人迁徙是在公元六世纪左右，当时中国正处于魏晋南北朝时期，连年战乱百姓过着苦难的生活，战乱之下，他们往往也会选择远渡重洋。第三次的渡来人迁徙则是在公元七世纪左右，这一次的迁徙对象大多来自于朝鲜半岛。朝鲜半岛迎来了统一，曾经跟日本联合的百济被灭，一些在战乱中失败的人也选择前往日本。

日本之所以能够在东亚大陆战乱频频的时候，成为人们愿意逃亡的目的地，也正是因为它相对独立的地缘优势。所以身为岛国，有利有弊。正是因为这些迁徙而来的渡来人带来了先进的技术和思想，日本才可以逐步发展，通过各行各业的改革不断进步。

贞观之治对日本也有影响？

在圣德太子时期，他提出的改革对国家产生了一些较为显著的影响，而这其中也夹杂着唐朝贞观之治的影响力。

没错，唐朝所建立的这个繁荣昌盛的时代，不仅影响了自身广阔的土地和人民，还对周边国家有着无可争议的辐射力。

618 年，李氏家族正式统一了中国，继隋朝之后，又一次结束了魏晋南北朝以来持续已久的动荡。一个统一的、强盛的、前所未有的繁荣大国屹立，在英明君主的治理下，迎来了贞观之治的盛世。

当时万邦来朝的场面并非夸张，周边国家都拜服在唐朝这个强大而又先进的国度之下，深受其影响，日本也是其中之一。

我们先不说贞观之治所带来的文化辐射力和政治影响力，仅仅在军事上就给日本当时的统治带来了一定压力。当时的唐朝，国力前所未有强盛，所以对于周边地区的安定相当注意。

说白了就是唐朝当时既有闲工夫又乐于助人，一听到向自己哭诉，立刻派出了援兵，以彰显大国气度。

在这种情况下，在朝鲜半岛经营多年，对朝鲜半岛事务有着深入参与的大和政权也感到了一定的压力。如果唐朝的军队打赢了百济，将直接意味着大和政权曾经的铺垫功亏一篑。所以唐朝的一个态度，就对诸多国家产生了影响，日本也包含在内。

这是军事上日本面临的挑战，而在其他方面，日本则接受了一些来自于唐朝的积极影响。圣德太子在608年，派出了大量的遣隋使前往中国留学。他们在二三十年间里学习中国的律法、制度，了解当地的风土人情，也关注日本国土以外，整个东亚大陆的政治形势。可以说，这些留学生是对日本以外的土地最为了解的专业人士，而他们在贞观之治的时代，选择了回到日本，给日本带来了大量的新信息与新思想和技术。

这些人将唐朝文化带到了日本，不仅对当政者和贵族产生了深刻的影响，也进而影响到整个国家和人民。这也可以算作贞观之治所带去的辐射影响吧！

大名鼎鼎的“遣唐使”

从公元七世纪初开始，日本就对中国的先进文化产生了极度向往，所以先后派大量的遣唐使和留学生前往唐朝，次数多达十几次。即便是在整个中日文化交流的历史上，这也是一个相当活跃的时期，不管是从遣唐使的使团规模，还是交流的时间长度，抑或是交流学习的范围来看，都是前无古人后无来者的。在遣唐使前往唐朝长达几十年的学习中，他们不仅将唐朝的文化带回到了日本，也让大唐人民了解到日本这个邻邦的文化与历史发展，是中日历史上友好交流浓墨重彩的一笔。

第一批遣唐使是630年由舒明天皇派遣的。在这之前，圣德太子已经派遣过遣隋使，而且其中的相当一部分也已经回到了日本。大约正是从这些遣隋使身上看到了学习交流的重要性，所以自舒明天皇开始，日本朝廷一直延续着派遣遣唐使的习惯，即便从奈良时代过渡到平安时代，掌权者已经更迭，也从来没有停止。

日本所派出的遣唐使团人数非常多，几乎就是一个留学生团体，大多数情况下是100多人。但是在急需改革转型的关头，他们往往会更需要来自中国的知识技术，所以遣唐使的数量也会随之上升，最高的时候多达500多人。

跟其他国家派遣的礼节性的使团不同，这些成员可都是抱着学习心态的“留学生”，再看这个数量之大，可见日本在上面的投入与用心。现代的日本文化之所以深受唐朝影响，就是因为在隋唐时期大量遣唐使的派遣，让日本社会接触到了来自中国的文化艺术、科技、制度乃至风俗。出于对强国的向往，人们几乎是无理由地追捧这些来自唐朝的信息，所以贵族们争相效仿，也就让此时的日本文化产生了大量的唐朝烙印。

遣唐使的使团组成非常有意思，除了正式的出使使节，如正使副使和判官之外，还有跟宗教有关的阴阳师、卜部等，也许是为了让他们与大唐的宗教文化进行交流，也学习他国的宗教精华。另一个重要的组成就是艺术家们，包括画师乐师在内的随行者，前往唐朝进行技术交流，这可都是无形的文化财富。

除此之外，就是一些技术人员，比如去唐朝学习医术的医师，各行各业交流技术的工匠等，像是木工、锻工等都是相当重要的角色，毕竟日本与铁器锻造有关的技术几乎都是从唐朝学来的。

除了这些之外，还会有一些留学生，或者是留学的僧人在唐朝长期交流。使节将他们送往唐朝之后，这些人将不会随船返回，而是在几十年之后，再带着自己学到的技术与见识回到日本，改变他们的国家。当他们要随同下一任使节返还的时候，就被称为还学生或还学僧。

从这些细节就可以看出，为什么说日本的遣唐使团所涉及的文化交流范围极其广泛、交流时间非常长。从他们细致的职务划分上也能看出日本对于遣唐使工作的重视——毕竟，日本的未来发展可都系在这些人身上了。

与宋朝的和谐邻里关系

1127 年之后的南宋时期，对应日本的平安时代到镰仓幕府时期。这一时期的日本已经不再需要向中国学习经验并进行改革，他们走上了属于自己的发展道路。武士阶层的不断发展，让日本的阶级无形之间发生了变化，也让统治者的精力逐步转移到国内。南宋虽然依旧繁荣，却也动乱不断，种种因素结合在一起，让日本与中国的交往断绝了近百年。

在这种情况下，我们为什么说日本与宋朝有着和谐的邻里关系呢？很简单，虽然官方的交往断绝了，日本也并没有派遣类似于遣唐使的使节来朝拜，但是在中国和日本的民间，文化经济的交流非常频繁，两国之间贸易不断，形成了繁荣的进出口市场。

所以日本的贵族们可以经常用来自南宋的舶来品，宋朝的商人也会将日本的土特产带回本土，别看官方上两边似乎谁也不搭理谁，但实际上交往从来都没有断绝。

南宋是一个非常繁荣、人民十分注重享受的时期，所以陶瓷、丝绸的技艺一直在发展，这两样也是重要的出口物，深受日本贵族的喜爱。除此之外，来自宋朝的书籍也是重要的舶来品，人们乐于从书籍中学习宋朝文化。

那么日本又能出口什么东西到南宋呢？虽然日本的制造业技术远远比不上宋朝那么发达，但是他们拥有大量的矿产，不管是金还是水银都是很实用的好东西。而日本还多火山，所以硫磺的产量也相当高，硫磺不仅能用于工业，也能够用于药物、生活用品制造，是不错的原材料。除了搞原材料出口之外，日本还有一样标志性的特色出口产品，那就是刀具。武士阶层的逐渐崛起，让日本的刀具也渐渐发展起来，在刀剑的制造上，他们有自己的一套理论技术，也深受宋朝人民的喜爱。

除了商业上的往来让两国民间变得和谐友好之外，由于平安时代到镰仓幕府时期佛教盛行，而南宋同样深受佛教影响，所以宗教的交流成为当时中日之间主要的文化交流方式。甚至僧人之间的交往可能取代了官方的交流，可以看作是一种半官方的交流模式。

我们之前说过，就是因为僧人在南宋时期将茶的种植方法带回了日本，所以日本才有了茶道的先河。除了茶和其他饮食文化之外，僧人们还将当时在南宋流行的禅宗思想传到了日本，对日本的佛教发展有着深远的影响。除此之外，程朱理学也是南宋对于日本的重要文化输出。

符合封建社会统治需求的程朱理学，在幕府时期被推广到全国，这一学派是以南宋朱熹为大成，因此也被日本人称为“宋学”。一直到了德川幕府时代，也就是江户时代，幕府将军还在致力于宣传程朱理学，试图用儒学思想更好统治当时处于封建社会的日本，就是因为程朱理学的思想非常适合幕府统治，强调严格的上下尊卑，同时其宣扬的忠孝仁义等道德观念和武士道精神也是不谋而合的。

所以后来的武家文化，有着浓厚的程朱理学以及禅宗特色，是融合了舶来文化之后，根据日本的社会情况所诞生的一种崭新的文化。

互相看不对眼的时代·日本与元朝

众所周知，中国的元朝是由蒙古族建立的，以忽必烈为首的蒙古铁骑，不仅在中国历史上留下了浓墨重彩的一笔，就算是在世界历史上，也是响当当的。当时的蒙古军队依靠着强大的骑兵作战能力，横扫亚欧大陆，建立了一个世界历史上版图最大的国家。

而日本也跟元朝军队有过交锋，还是在日本本土。不过这一次，元朝军队也许是因为不熟悉海上交战，在交锋之中，竟然失败了。

与日本互相看不顺眼的历史，从忽必烈建立元朝并将都城迁到如今的北京开始，而当时北京被称为“大都”。1268 年，忽必烈第一次派遣使节前往日本，中心思想就是一个——朝贡！当时南宋还在，日本幕府一方面抱有坐山观虎斗的心态，另一方面也是不愿轻易低头，所以幕府拒绝了忽必烈的要求。拒绝了一次还不要紧，在 1269 年和 1271 年，忽必烈又不死心地派遣了使节，重申这一要求，还是被拒绝了。

中国有句古话叫“再一再二不再三”，接连三次的拒绝，让忽必烈相当懊恼，于是在 1271 年，忽必烈先定国号，正式建立了元朝，然后开始大规模进军南宋，与此同时，还捎带上了日本。别看兵分两路，但元朝的军队攻击力相当强，所以人们都很有自信打败日本。

这是历史上少有的几次在日本本土发生的战争。1274 年，元军乘坐的战船从朝鲜半岛一路驶往日本，在北九州登陆作战。元军的作战能力不愧是世界领先的，不仅碾压亚欧大陆的大多数国家，把日本打得落荒而逃也是轻轻松松的事。而且当时的元朝军队已经使用了火器，日本军队却还停留在骑射为主的时代，显然冷兵器和热兵器之间的交锋，日本军队是不占优势的，所以很快颓势尽显。

但是意外就这么发生了，晚上元朝军队退回到船只上休息，却没预料到海边的天气变化如此之快，竟然恰巧赶上了暴风雨。暴风雨之中，不擅长海上作战的元朝军队，反而无法抵抗天灾，大多数船只都因为不够坚固而被暴风雨摧毁，军队只好退回到朝鲜半岛。

在日本历史上，这被称为“文永之役”，文永之役的获胜其实跟日本本土作战能力的高低没有什么关系，主要靠的就是强悍的“外援”——暴风雨天气。元军战胜得了人，却战胜不了天灾，实在是令人哭笑不得。

如果说这一次是意外的话，那么第二次与日本的交锋结果就不得不说是太过巧合了。在一次交锋之后，幕府开始抓紧备战，加强了对全国的统治，而忽必烈也没有就此死心，还是想要远征日本。毕竟屡战屡胜的军队已经灭了南宋，在整片大陆上没有敌手，自然将矛头转向了日本。

1281 年，14 万元军分为两路进攻日本。其中一路还是走朝鲜半岛这条路线，但是因为上一次的经验，日本军队将大部分防守力量都放在了这里，所以没有登陆成功。说实话，我认为在某种程度上这也没有体现日本军队的作战能力，只是因为元朝军队太缺乏海上作战经验，所以才会出现无法登陆的情况。

另一路军队则从宁波出发，坐船前往北九州，最终两路大军合围之后，就吹响了总攻的号角。按理说，当元军的兵力增加了将近三四倍时，这一场进攻的结局应该是显而易见的，然而天不从人愿，海上的天气再一次帮助了日本。这一次是大型台风来袭，元朝军队有超过一半的船只在这场灾难当中沉没，兵力损毁了 3/4 之多。没有办法，元朝军队又一次退回。大概是这两次巧合造成的损失太大，元朝也觉得非常不吉利，所以再后来就取消了进攻日本的计划。这次战役被称为“弘安之役”。

元朝与日本幕府之间若有什么关系的话，定然是相看两厌的。然而两方又谁也奈何不了谁，所以在两次战役之后，度过了一段比较平静的日子。

倭寇导致的周边不安

倭寇的出现与日本浪人群体有着密切的关系。

镰仓幕府时期到南北朝分立的时候，日本境内十分混乱，武士家族征战不断，导致经常有家族战败破灭，属于他们的家臣和底层武士往往会因为失去主家而流落在外。除此之外，后来幕府还经常通过各种手段削弱大名的控制权，这也导致一些武士失去了自己的领地和俸禄，失去了可以效忠的主家——简而言之，他们失业了。

失业的武士生活往往是比较艰难的，他们是以武力见长的职业军人或职业保镖，既没有可以糊口谋生的一技之长，往往又不愿意真正低头沦落为平民，所以一旦失去自己的工作，就很容易成为影响社会安宁的不稳定因素。其中一些武士就因为生活艰难，伙同不满现状的农民组成了新的武装集团。

这些武装集团若在国内就被称为盗匪，必然会遭到幕府和当地武士家族的驱逐与围剿。于是这些流浪者们将目光放到了海外，选择离开本土，去国外掠夺和抢劫。

他们从陆地上的山匪转而变成了海盗。所以周边就倒霉了，尤其是中国及朝鲜半岛，来往的商人面临的最大危险就是来自于倭寇的劫掠。这些倭寇还不仅仅满足于在海上抢劫，他们更频繁地去陆地上骚扰，烧杀掳掠，抢劫人口。因此，在中国和朝鲜的历史上，这一段时期都深受倭寇的困扰。

南北朝统一之后，足利义满建立了新的幕府，开始派遣使节前往明朝，愿意成为属国并进行朝贡，两国之间又恢复了贸易。虽然在中间出现了一些波折，但幕府和明朝之间的贸易还是积极进行着，主要就是因为幕府特别缺钱，而在这场贸易当中他们能够获利不少。

唐朝或明朝，都有着相当宽宏的胸襟与宗主国的气概，从另一个方面来说，也是相当爱面子。所以他们往往不愿意占小国的便宜，不仅没有向外殖民的冲动，反而会给自己的属国大开便利之门，所以日本前往明朝的贸易商队，只要是在明朝境内的生活花销几乎都是明政府承担的。在这种情况下，他们又怎么会拒绝呢?

可是官方上进行着贸易合作，倭寇私下对明朝沿海地区的侵扰却是一直不断，日本幕府对于倭寇的整治力度非常不足，在这件事上一直很不积极，必须承担绝大部分的责任。

而朝鲜半岛也深受日本倭寇的侵扰与危害，1404 年，朝鲜由李氏王朝建立了统一，再次和日本恢复了交往，其中一个要求就是要日本禁止倭寇犯边。恢复邦交之后，朝鲜也和日本开始了大量的贸易，因为朝鲜半岛与东南亚和中国之间的交流更加方便，所以日本想要进口这些产品，往往都是从朝鲜半岛交易。

发展之下，东亚地区围绕着琉球群岛建立了一个“贸易区”，即便是为了保障贸易繁荣，也不能让海盗过于猖獗，所以倭寇犯边的情况渐渐减少。但随后而来的日本战国时期，以及德川幕府初期对于大名的政策，又让日本浪人数量变多，倭寇再一次出现。

日本历史上的倭寇事件对于本岛的影响也许不大，但对于周边国家来说是非常大的困扰。日本对此应负责。

天主教在日本

日本在历史上深受佛教、儒家思想和天皇引导的神道教的影响，直到近代史上，天主教才逐渐传入日本社会。

天主教最开始传入日本的时间应该是在日本战国时代。当时战国大名们正在忙着党同伐异，人人都想成为这场混战当中最后的赢家，却没有想到西方人即将迈上日本的历史舞台。

最开始来到日本本土的是葡萄牙人，在 1543 年，一些葡萄牙人乘坐一艘来自中国的走私船意外漂流到日本九州地区。当时的葡萄牙人主要进行的还是海上贸易，他们为日本带来了一种新的武器——火绳枪。当地的岛主看到了这种具有杀伤力的热武器之后，就从葡萄牙人那里购买了两支，通过仿造批量生产，火绳枪就开始风靡日本各地，成为当时大名手中武装军队的重要武器。

因为火绳枪，战争中的建筑风格都有了一定改变。过去的日本建筑主要是防止骑兵的冲击，所以建筑群周围挖深深的壕沟。但是有了火绳枪之后，人们开始建造城堡，并在城堡上修建专门的高墙和射击孔，就是为了方便火枪队的士兵，可以从此进行射击，抵御外来进攻者。

在战国大名的眼里，西方人的出现带来的最大影响就是给他们送来了这样一种有力的武器。所以他们非常欢迎这些葡萄牙人和西班牙人来进行贸易，在这种情况下就给了天主教传入日本的机会。

熟悉西方航海历史的人都知道，不管是进行远洋贸易还是殖民侵略，西方人的船上必然要跟随着传教士，他们对宣扬天主教有着锲而不舍的热情。天主教思想的传播也有利于在宗教上进行思维同化，帮助他们实现文化殖民的目的。

所以日本也不可免俗地开始接触到天主教，在贸易的过程当中，不仅武士阶层和商人开始接触天主教，一些大名也深感兴趣，甚至自己也接受洗礼，信仰了天主教。所以在最开始天主教是深受日本大名们欢迎的。

室町幕府的将军对于天主教的传播持积极态度，后来推动日本统一的织田信长也是如此。他们并没有把天主教看作是一种隐患，反而认为天主教的传播可以帮助打击当时过于昌盛的佛教势力，有助于幕府的统治。

上层社会这种积极的态度，加上天主教所宣扬的教义非常符合当时下层民众渴求安宁和平的心情，所以日本的天主教发展非常迅速，在几年之内就达到了十几万人之众，甚至还有选出来的天主教徒去欧洲参见过教皇。

当这种思潮不断发展，幕府意识到了天主教带来的负面影响。原来天主教的教义之中，格外强调人人生而平等，以仁爱为中心，这种平等的观念和有封建社会统治色彩的幕府是很矛盾的，还有就是因为当时信仰天主教的几个大名跟幕府之间关系并不好。在这种情况下，幕府将军自然看天主教不顺眼。而且这一时期西方人与日本接触比较深，德川幕府已经意识到西方蠢蠢欲动的殖民倾向，并且在传教活动当中看到了他们的小动作，这就让他们更不能容忍天主教在自己眼皮下面发展了。

所以 1612 年，曾经得到官方推动的天主教传教活动在日本全面禁止。不仅不能传教，德川幕府还在第二年要求人们不可再信仰这一宗教，就算已经受洗的信徒也必须改变信仰。

然而，一个宗教的影响力显然不是这么容易就可以被打压的，所以在 1622 年之后，德川幕府开始进一步加强对天主教的控制，采取的手段也越来越酷烈。幕府不仅处死了大量的传教士和信徒，还派重兵捣毁了天主教的教堂，要求所有人去踩踏天主像，以此来证明自己不是信徒。如果不这样做，就会被认为是有信教嫌疑而施加严格的惩罚。

说实话，这一招堪称是釜底抽薪。踩踏圣像的行为，只有真正虔诚的教徒才会感到无比痛苦，所以既打击了天主教教徒，又能够快速简单地区分出人们的宗教信仰，不得不说是狠辣果决。

从此之后，日本的所有公民都需要在寺院进行登记，他们的户籍制度上也会标注出信仰，可见德川幕府对于天主教的警惕之心。

任何一个宗教的发展都不可能一帆风顺，天主教在近代日本的传播过程也是如此坎坷。

西方列强蠢蠢欲动

在19世纪初期，虽然西方列强觊觎包括日本在内的东方土地，但还知道先礼后兵，派遣使节去日本，希望能够实现通商。所以，英国、俄国、美国一直锲而不舍拜访幕府，就是为了让他们能够松口，将港口向这些国家敞开。当然，一旦开始了通商，必然不是自由贸易，西方列强将获得一个新的市场和原料产地，他们能够在贸易当中获取最大利润，将还算富有的日本榨干。

德川幕府对他们的条件并不满意，明白一旦答应就是吃亏的后果，所以严词拒绝了，甚至发生过无差别驱逐外来船只的情况。德川幕府在多年前就曾经颁布过《驱逐令》，要求驱逐所有在港口停靠的外国船只，而这一命令在1825年又再次重申，就是为了让西方商人的船从日本离开。在这种情况下，他们甚至还比较极端地动用了热武器，以火炮炮击港口的外国船，以达到逼他们离开的目的。

不管德川幕府多么的没有作为，至少在这件事上他们足够强硬地维护着国家的权利。但这种强硬并没有维持很久，因为鸦片战争爆发了。

1840年，中国在鸦片战争中惨败，不仅给清政府和整个中华民族带来了深远的影响，开启了近代的悲惨历史，也让日本在观望当中后背一凉。当时的日本别说是与英国较量，就算是对清政府也是毫无反抗之力的，他们自然要反思自己过去的强硬——我们有这个实力说不吗？日本对外的态度开始逐渐缓和，他们试图在列强的夹击中找到一条出路。

而当美国的大船敲响东京湾的大门，人们才在惊叹中意识到，原来西方国家的科技已经将他们远远甩在了后面。所以在后来的几年间，日本与美国签订《日美亲善条约》《日美修好通商条约》。这些条约与清政府当时签下的协定没有什么差别，都是强行打开日本大门，向西方输送金钱和劳动力的不公平条约。在这些不平等条约的压迫之下，日本跌跌撞撞地发展着，也因此受到扩张思潮的感染。

后来军国主义和法西斯主义在日本横行，让它在近代史上走上了对外侵略的罪恶道路。可以说，日本的近代历史中不愉快的因素和摩擦矛盾直至对外侵略是比较多的。对外侵略给其他国家和日本自己带来了深重的灾难和负面影响。这告诉我们，侵略永远不是一个国家发展的正确道路，只有和平发展、让自身强大起来，才能获得其他国家的友好与自身独立，才能让自己的国民在和平中度过幸福的人生，并实现个人的价值和国家富强的目标。